大人の遠足
BOOK

JN110798

クルマで行く 山あるき

関東周辺

クルマで行く
山あるき
関 東 周 辺

Contents

中 央 道 ・ 長 野 道

関 越 道 ・ 上 信 越 道

東 北 道 ・ 磐 越 道

表紙写真
磐梯吾妻レークラインと磐梯山（西垣良次／アフロ）

目次写真（左から）
火打山の頂上を前にする登山者（コース25）
檜洞丸のトウゴクミツバツツジ（コース44）
金時山頂上からの富士山（コース45）
天城山の美しいヒメシャラ林（コース46）

索引MAP

右ページの地図内の枠は P178～190 の「ロードMAP」に対応しています。

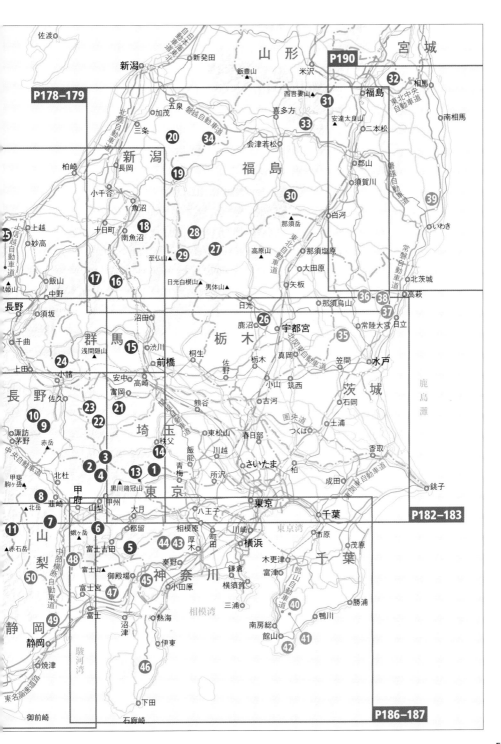

佐渡

新潟

新発田
飯豊山

P190

宮城

山形

米沢

相馬 **32**

福島 東北中央自動車道

南相馬

P178-179

五泉
加茂
三条

20

34

喜多方
西吾妻山

31

安達太良山
二本松

33

会津若松

郡山

須賀川

常磐自動車道

39

柏崎

新潟

長岡

19

福島

いわき

小千谷
魚沼

30

白河

北茨城

25
上越
妙高

十日町
南魚沼

18

28

那須岳
那須塩原

常磐自動車道

姫川

飯山
中野

17 **16**

至仏山

29

27

高原山

大田原

矢板

36-**38**
37

高萩

長野

須坂

日光白根山
男体山

日光

那須烏山

常陸大宮 日立

千曲

上田

沼田

15
渋川

浅間隠山

前橋

鹿沼

26 宇都宮

栃木

桐生
佐野

栃木 真岡

北関東自動車道

笠間

35

水戸

鹿島灘

24
小諸
佐久

安中 高崎

23
22

21

富岡

熊谷

埼玉

小山
筑西

古河

石岡

土浦

つくば

茨城

長野

10
諏訪 **9**
茅野 赤岳

中央自動車道

甲斐
駒ヶ岳 北杜

8 韮崎

3
2
4

13 **1**

秩父
14

東松山

飯能

川越
所沢

春日部

圏央道

さいたま

柏

香取

成田

銚子

甲府

山梨

7

甲州

大月

青梅
黒川鶏冠山
東京

八王子

東京

相模原

川崎
町田

横浜

千葉

市原

茂原

11
赤石岳

山梨

蛾ヶ岳

6

48

5

都留

44 **43**
厚木

秦野

木更津
富津

鎌倉

横須賀

P182-183

東京湾

千葉

勝浦

富士吉田

御殿場

45 神奈川

小田原

三浦

南房総

館山 **40**

鴨川

41

富士山

47

富士宮

富士

沼津

熱海

相模湾

館山 **42**

50

静岡

49

静岡

焼津

御前崎

駿河湾

伊東

46

下田

石廊崎

東名高速道路

P186-187

5

本書の使い方

本書は、アクセスに車を利用して関東周辺の山登りを楽しむための案内書です。入門者から上級者まで楽しめる、多彩なコースを掲載しています。経験に応じて、お好きなコースからチャレンジしてください。

Ⓐ アイコン・登山行程

日本百名山～日本三百名山に該当する山には、🏔🏔🏔のアイコンを掲載しています。アイコン横に登山行程（前夜泊、1泊2日、2泊3日）表記のない山はすべて日帰りコースです。登山行程の詳細は、P7「登山行程について」をご確認ください。

Ⓑ 標高など

紹介した山の頂上の標高です。コース最高点と異なる場合があります。都道府県名の右にある数字は、P178-190のロードマップに対応しています。

Ⓒ アクセス

1．登山口までの距離・行程

各高速道路の起点となるIC（ECT装着車はスマートICも）やJCTから、登山口・駐車場所までの距離と行程を表記しています。なお、中央道の起点となる高井戸ICからは下り線（山梨方面）に入ることができず（P9「コース情報」参照）、また、東北道の起点となる川口JCTは高速道路出入口ではないのでご注意ください。

2．緯度・経度

カーナビゲーションに入力する際、目的物となる施設などがない場合は、表記した駐車場・登山口の緯度・

経度を入力すると便利です。

3．プランニングのヒント

アクセス、日程、コースどりなど、紹介した山に登るためのヒントを掲載しました。

4．駐車場情報

登山口近くの駐車場・駐車スペースの情報です。駐車の際はスペース内にきちんと停め、他の車や歩行者の迷惑にならないよう、十分にご配慮ください。また、車中泊における深夜・早朝のアイドリングや駐車場内でのテント設営も厳禁です。ゴミも持ち帰りましょう。

Ⓓ 山歩きの基本データ

1．山のプロフィール

掲載している山の概要や魅力、近年の状況、コースをより楽しむための歩き方、登山に適した時期などを紹介しています。

2．問合せ先

紹介したコースの情報を得ることのできる市町村役場や観光協会などの電話番号です。

3．歩行時間

コースの歩行時間の合計で、休憩時間は含みません。総所要時間の概算を出したい場合、歩行時間にもよりますが、1時間前後をプラスしてください。

4．登山難易度（グレードの指標）

紹介した山のグレードを示しています。

入門★　ハイキングコース。危険箇所はなく、トレッキングシューズでもOK。歩行時間＝2時間程度。

初級★★　よく整備された登山道。危険箇所はほとんどないが、トレッキングシューズや軽登山靴の使用が望ましい。歩行時間＝4～5時間程度。

中級★★★　ほどほどの体力が必要だが、中・上級者の同行があれば、初級者でも十分に歩ける。登山道は整備されているものの、一部で地図による確認が必要な分岐や、小規模な岩場やクサリ場など行動に若干注意を要する場所がある。歩行時間＝6時間前後。

中～上級★★★★　十分な体力・技術・経験を要する。岩場やクサリ場、やや不明瞭な箇所があり、行動には十分な注意が必要。初級者同士だけでは大きな不安がある。累積標高差も1000～1500mと大きくなる。歩行時間＝7～8時間程度。

上級★★★★★　一般登山道では最も難しいレベルにあり、危険箇所の通過能力や体力だけでなく、正確な読図力も要求される。累積標高差は1500mを大きく超え、初級者レベルでは危険。歩行時間＝8時間以上。

※歩行時間は1日のもの。

※ただし、コースの状況によっては上の条件に★の増減を加えることがあります。

5．参考地図

紹介したコースの山域を収録する、国土地理院発行の2万5000分の1地形図の図名を掲載しています。登山の際には、本書のコピーに加えて国土地理院発行の2万5000分の1地形図の携行をおすすめします。

Ⓔ 高低図

紹介コースの高低断面図を掲載しています。縦軸は標高、横軸は水平距離です。水平距離は歩行距離よりもやや少な目に表示されますのでご注意ください。また、図上の傾斜は実際の傾斜とは異なります。なお、頂上以外の標高については若干の誤差があります。

登山行程について

紹介コースには日帰り、山小屋1泊または2泊のほか、登山口への移動時間や歩行時間が長い場合の前夜泊があります（対象の山は山名の上に日程を掲載）。日帰りの判断基準は、東京を朝5～6時に出発し、薄暗くなる前に下山、20時ごろまでに帰宅できること、としていますが、昼間時間の短い春先や秋、渋滞しがちな休日などの場合、日帰りが十分可能なコースでも前夜泊することをおすすめします。なお、山小屋に宿泊する際は必ず予約を入れましょう。

コラム

サブコース、安全のヒントなどのほかに、車情報も充実させました。ぜひ参考にしてください。

地図の見方

地　図

①本書に掲載されている地図は、国土地理院発行の地形図をもとに制作されています。

②地図内のアクセス図❀は、左ページⒸアクセスの「1.登山口までの距離・行程」に対応しています。

③自然災害などによってコースの付け替えや通行止め、また、山小屋などの施設が閉鎖されることがあります。事前に最新情報をご確認ください。

地図記号の凡例

記号	説明	記号	説明
━━━	本文で紹介している登山コース	1945 △ 三角点	碑
○ ▲	登山コースのポイント（山マークは山頂）	1945 ・ 標高点	⊗ 学校
←0:30	登山コースポイント間のコースタイム	有人小屋	警察署・交番
━━━	サブコース、または本文で紹介していない主な登山コース・エスケープコース	避難小屋	郵便局
-------	その他の主な登山道	水場	市役所
━━━	有料道路	トイレ	町村役場
1	国道	花	寺院
━━━	幅3m以上の車道	登山ポスト	神社
━━━	幅3m未満の車道や林道（軽車道）	P 駐車場	ゴルフ場
-·-·-	県界	バス停	発電所・変電所
-··-··-	市町村界	キャンプ場	温泉
━━━	鉄道（JR）	ホテル・旅館	史跡・名勝
━━━	鉄道（私鉄）	道の駅	
━━━	ケーブルカー		
━━━	ロープウェイ・ゴンドラ		
○━━○	リフト		

●本書のデータは2023年11月現在のものです。

●各コースの標高差とコース距離の算出、および高低図の算出にあたっては、DAN杉本氏作成の「カシミール3D」を利用させていただきました。

●登山の際は、必ず登山届を提出しましょう。提出は各登山口などに設置された提出箱のほか、オンライン登山届システム「コンパス」などからも可能です。

●登山口やコース中の公共トイレは、その多くが地域の方などのご厚意で維持・管理されています。マナーを守り、大切に使うことを心がけましょう。

標高 **1531 m**（中央峰）　東京都・山梨県　| P182-D1

1 三頭山（みとうさん）

奥多摩三山の盟主。滝とブナ林、頂上からの展望を堪能

▲西方の松姫峠（山梨県）からの三頭山。3つのピークがあるのがわかる

登山口まで約69km

高井戸IC	
↓26km	中央道
八王子IC	
↓43km	国道16号、都道169号、国道411号、都7・33・206号
檜原都民の森	

緯度 35°44′16″
経度 139°01′53″

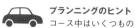

プランニングのヒント

コース中はいくつもの小道があり季節を変えて楽しめるが、そのぶん分岐が多いので、標識をよく見て自分が進む方向を確認すること（各コース名は檜原都民の森ホームページ内の「園内マップ」でチェック可）。ブナの新緑は4月中旬〜5月下旬、紅葉は10月中旬〜下旬にかけて見頃（年にもよる）。

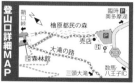
登山口詳細MAP

駐車場情報　檜原都民の森の入口に約100台分の無料駐車場がある。開場は7〜18時（変動あり）。満車時は1km先の臨時駐車場へ（都民の森への送迎あり）。都民の森の休園日（P10「コース情報」参照）は利用できない。

山のプロフィール

日本三百名山で、大岳山、御前山とともに奥多摩三山に数えられる三頭山は、頂上が3つに分かれていることからその名がついた。東京都、山梨県側の四方から登山道が延びるが、檜原都民の森起点の周回コースの人気がとくに高い。登山適期は4〜11月。

●問合せ先＝檜原村産業環境課☎042-598-1011

歩 行 時 間	3時間30分
歩 行 距 離	6.3km
累積標高差	登り＝703m 下り＝703m
登山難易度	初級★★
参 考 地 図	猪丸

前述の通り、頂上は3つのピークからなる。西峰は富士山の展望がよく、中央峰は樹林に囲まれ展望こそ得られないが、標高は最も高い。東峰は三角点と展望台があり、奥多摩三山や丹沢、条件しだいでは都心まで見渡せる。

❶檜原都民の森の駐車場が起点。駐車場には売店やトイレがあるほか、給水もできる。身支度をして出発しよう。

大きな「都民の森」の看板がある地点から、アスファルトの坂を登る。少し歩くと道が二分する。アスファルトの道は森林館へ続くが、ここは左側の階段道へ。階段を上がり切ると森林館の裏手に出て、左へ大きく折れる道（大滝の路）へと入っていく。

森林セラピーロードの別名がある「大滝の路」は、ウッドチップが敷き詰められた傾斜のゆるい上り坂が滝見橋まで続く。鳥のさえずりや山野草、各所にある見晴らし台からの展望などを楽しみながら20分ほど歩くと、**❷滝見橋**に出る。この橋は通り抜けこそできないが、都内屈指の名瀑、三頭大滝を眺める絶好のスポットとなっている。

橋のたもとまで戻って左に行くと、すぐに大滝休憩小屋が立っている。トイレもあるので、これから先の急登に備えてひと休みしていこう。

休憩小屋をあとに登山道を進むと、分岐に出る。ここは左にとり、「石山の路」へと入っていく。ちなみに分岐から右方向へ進む道（ブナの路）は、笹尾

▲ウッドチップ敷きの大滝の路。三頭大滝までは観光客の姿も多い

◀都民の森駐車場

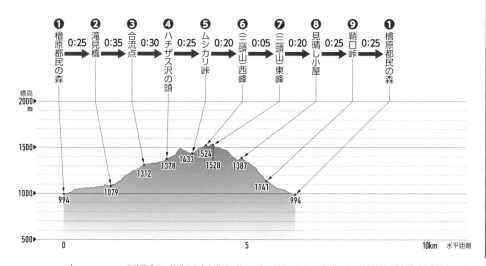

❶檜原都民の森 0:25 ❷滝見橋 0:35 ❸合流点 0:30 ❹ハチザス沢の頭 0:25 ❺ムシカリ峠 0:20 ❻三頭山西峰 0:05 ❼三頭山東峰 0:20 ❽見晴し小屋 0:25 ❾鞘口峠 0:25 ❶檜原都民の森

標高 2000m / 1500 / 1000 / 500

994 / 1079 / 1312 / 1378 / 1433 / 1524 / 1528 / 1387 / 1141 / 994

0 / 5 / 10km 水平距離

▲三頭山西峰からの富士山（左の木に隠れているのは鹿留山）

◀三頭大滝（落差約30m）。
新緑や紅葉のころもすばらしい

根上のムシカリ峠へのダイレクトコースとなっている。「石山の路」はその名の通り、道脇に大きな石がある（道自体に危険箇所はない）。三頭沢支流の小沢を渡ると、まもなく急登に変わる。これをこなすと、道標が設置された地点に出る。ここで右に進路を変え、ブナをはじめとする広葉樹林内の尾根道を登っていく。やがて「石山の路」と「深山の路」との❸合流点に出て、右の「深山の路」に入る。見事なブナの大木がある、快適なコースだ。30分ほど行くと❹ハチザス沢の頭で、西原峠や槇寄山からの笹尾根に合流する。

道標に従い、右手の三頭山方面に進む。ベンチがある大沢山を越え、ゆるやかに下ると三頭山避難小屋がある。30人程度が入れるしっかりした建物で、トイレも設置されている。ひと下りすると、先に歩いた大滝休憩小屋からの道が合流する❺ムシカリ峠だ（ベンチあり）。

ここからは急登になり、登り切った地点が三頭山の❻西峰だ。広々とした頂上にはベンチがあり、ランチや休憩する登山者でにぎわいをみせる。展望もすばらしく、北に奥多摩の雲取山や鷹ノ巣山、南に富士山が望める。西峰からは道標の「見晴し小屋・鞘口峠」方面に進む。御堂峠へ下り、わずかな登りで三頭山最高点の中央峰。展望はいまひとつだが、テーブルとベンチがあり、ここで休憩するのもよい。3つめのピーク❼東峰のすぐ先には展望台があり、大岳

▲笹尾根上に立つ三頭山避難小屋

▲三頭山から鞘口峠へは「ブナの路」を下る

コース情報 檜原都民の森は三頭山東面の標高1000m地点にあり、自然体験やハイキングなどのほか、食事もできる。入場無料、営業時間や休園日は檜原都民の森ホームページを参照。☎042-598-6006

山から御前山への連なりが確認できる。

展望台からは「ブナの路」をたどる。急坂の下りとなる。道幅の狭い尾根道をしばらく下ると大岳山を望む❽見晴し小屋に着く。なお、休憩しなければ小屋手前で左の巻き道を行けば、わずかだが時間の短縮がはかれる。

小屋からも尾根の下りが続くが、急斜面だけにスリップに注意。❾鞘口峠で尾根を離れ、森林館へと続く右の道を下っていく。途中木材工芸センター、森林館を経てさらに下ると❶檜原都民の森の駐車場に戻ってくる。

数馬地区

数馬（かずま）は三頭山の登山口となる東京都檜原村の最西にあり、南北朝時代からの歴史を持つ小さな山里。登山以外にも九頭竜の滝をはじめとする滝めぐりも楽しめる。下山後に汗を流すなら、檜原温泉センター数馬の湯（☎042-598-6789）がおすすめ。露天風呂や圧注浴風呂などがある日帰り温泉で、食事処では特産のコンニャクなどの料理も味わえる。980円、10～19時、月曜休（祝日の場合は翌日）。宿泊施設は檜原都民の森に近い兜屋旅館（☎042-598-6136）や三頭山荘（☎042-598-6138）などがある。

▲檜原温泉センター数馬の湯

1 三頭山

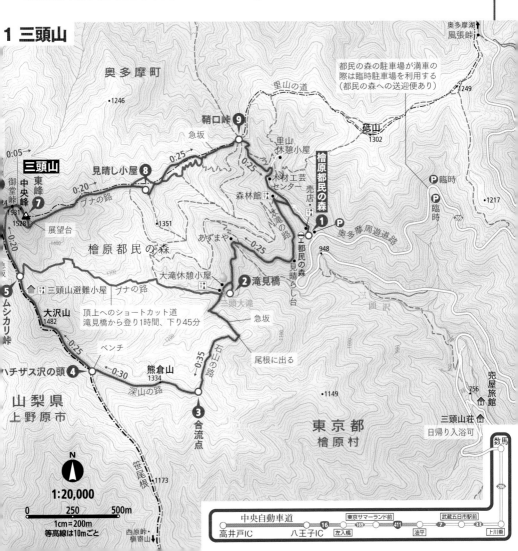

奥多摩町

奥多摩湖
風張峠

里山の道

•1246

•1249

鞘口峠❾

急坂

砥山
1302

里山休憩小屋

0:05→

三頭山

御堂峠

東峰

中央峰
1531
7
1528

見晴し小屋❽

ブナの路

0:25

0:25

木材工芸センター

森林館

檜原都民の森

売店

0:20

展望台

0:20

•1351

檜原都民の森

•1217

P臨時

P臨時

•206

P

奥多摩周遊道路

948

あずまや

0:25

三頭山避難小屋

ブナの路

大滝休憩小屋

❷滝見橋

三頭大滝

見晴らし台

大沢山
1482

ムシカリ峠

頂上へのショートカット道
滝見橋から登り1時間、下り45分

急坂

頭沢

尾根に出る

ベンチ

ハチザス沢の頭❹

0:25

0:30

熊倉山
1334

0:35

深山の路

兜屋旅館

756

三頭山荘

日帰り入浴可

山梨県
上野原市

•1149

東京都
檜原村

数馬

•206

❸合流点

笹尾根

•1173

N

1:20,000

0   250   500m
1cm=200m
等高線は10mごと

西原峠・槇寄山↓

1泊2日　標高 2599 m（金峰山）・2230 m（瑞牆山）　山梨県・長野県　P185-C5

2 金峰山・瑞牆山
きんぷさん／きんぽうさん　みずがきやま

連続登山で奥秩父にある日本百名山2座の頂へ

▲金峰山頂上へと続く稜線から大きな五丈石とその左の頂上を見上げる

登山口まで157km

高井戸IC	
↓131km	中央道
須玉IC	
↓26km	国道141号、県道604・601・23号ほか
県営駐車場	

緯度 35°52′44″
経度 138°34′43″

プランニングのヒント

このコースは富士見平小屋で1泊するのがふつうだが、健脚者が早朝に出発すれば、先に瑞牆山を往復後、金峰山の頂上に立つことも可能だ。その際は頂上北側の金峰山小屋に泊まる。金峰山は標高が2500mを超えるだけに天気が悪化すると夏でも驚くほど気温が下がる。防寒・防風対策は怠りなく。

登山口詳細MAP

駐車場情報　瑞牆山荘に近接する県営駐車場（約100台、無料）を利用する。好天の週末や連休、紅葉シーズンは早朝から満車になることが多い。なお、県営駐車場にトイレはないので、山荘脇のトイレを利用しよう。

入門 初級 **中級** 上級

山のプロフィール

金峰山は奥秩父の盟主的な存在。深く静かな樹林帯歩きと、森林限界を超えたアルペン的な岩稜歩きや眺望が楽しめる。山上に林立する花崗岩がもたらす独特の山容が人気の瑞牆山は、その頂上からの展望がすばらしい。登山適期は6月上旬～11月下旬。

●問合せ先＝北杜市観光課☎0551-42-1351

歩 行 時 間	1日目＝7時間10分 2日目＝4時間35分
歩 行 距 離	**14.7**km
累積標高差	登り＝1918m 下り＝1918m
登山難易度	**中級 ★★★★**
参考地図	金峰山／瑞牆山

1日目▶①県営駐車場からスタート。しばらく、広葉樹林帯のゆるやかな道が続く。富士見平林道を渡るころから登山道は傾斜を増すが、水場への分岐を過ぎれば、トイレやキャンプ場も併設された**②富士見平小屋**に到着する。

翌日たどる瑞牆山への道を左に分け、金峰山へと向かおう。針葉樹林の薄暗い尾根道を歩き、飯森山の南面で鷹見岩への分岐を見送ると、ほどなく**③大日小屋**に到着する（管理人不在で素泊まりのみ）。

大日小屋からは縦八丁といわれる急な登りとなり、ロープ場から急坂を15分ほど登り切れば**④大日岩**の基部だ。展望がいいのでひと休みしたい。再び樹林帯に入り、シャクナゲが群生するなかを進む。花期は6月初旬～中旬ごろ。

アップダウンをくり返しながら、樹林帯を進む。途中、道がわかりづらい箇所もあるので、

赤テープの確認を忘れないようにしたい。ひと頑張りで突然、視界が開けると**⑤砂払ノ頭**。すばらしい展望スポットだ。

頂上へと続く岩稜を歩く。千代ノ吹上付近では、長野県側のなだらかな斜面と山梨県側の迫力ある断崖絶壁の対比が面白いが、通過時には崖に近づき過ぎないよう注意したい。金峰山小屋への分岐を左に分け、最後の急な岩場を登り

▲登山口にある県営駐車場（約100台駐車可）

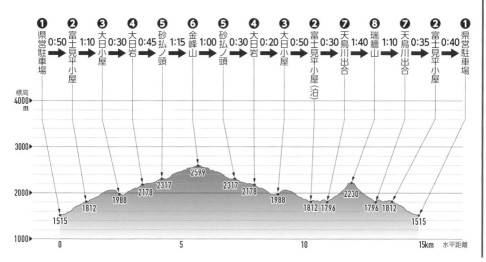

① 県営駐車場 →0:50→ ② 富士見平小屋 →1:10→ ③ 大日小屋 →0:30→ ④ 大日岩 →0:45→ ⑤ 砂払ノ頭 →1:15→ ⑥ 金峰山 →1:00→ ⑤ 砂払ノ頭 →0:30→ ④ 大日岩 →0:20→ ③ 大日小屋 →0:50→ ② 富士見平小屋（泊） →0:30→ ⑦ 天鳥川出合 →1:40→ ⑧ 瑞牆山 →1:10→ ⑦ 天鳥川出合 →0:35→ ② 富士見平小屋 →0:40→ ① 県営駐車場

標高
4000m
3000
2000
1000

1515　1812　1988　2178　2317　2599　2317　2178　1988　1812　1796　2230　1796　1812　1515

0　　　5　　　10　　　15km　水平距離

コース情報 どちらの山もそうそう楽ではないコース。体力的にもきついが、金峰山の千代ノ吹上付近の岩稜帯や瑞牆山の岩場の登り下りはぜひ慎重に行動してほしい。

▲金峰山頂上の五丈石。鳥居が立ち、神域ともいわれる

切れば、五丈石に到着だ。❻金峰山の頂上標識は、目の前のガレ場を登った先にある。

なお、五丈石に登る登山者をしばしば見かけるが、安全に登れる岩場ではなく、また、この岩は神域ともいわれる。過去に転落事故も発生しているので、大人の判断を期待したい。

眺めを存分に楽しんだら、❷富士見平小屋まで慎重に往路を戻ろう。

2日目▶❷富士見平小屋の横から林内を小さく登ったのち、山腹を巻くようにゆるやかに下る。やがて岩混じりの道となってくるので、つまずきなどに注意したい。小川山への道を右に分け、一気に下ると❼天鳥川出合だ。

出合のすぐ先には桃太郎岩があり、ここからは登り一辺倒。木段を登ってしばらくの間、薄暗い樹林の道を行く。ハシゴ段やロープで大小の岩を越えながら標高を上げていく。

頭上が明るくなってくると、瑞牆山のシンボル的存在の大ヤスリ岩が見えてくる。クライマ

クルマにやさしい駐車術①

駐車場や駐車スペースで気をつけたいことといえばまず、落石や落木の危険のない場所に停めること。そして、車内にウエストバッグ、カメラバッグなど貴重品が入っていると思われそうなものを置いておかないこと。ドアロックやライトの消し忘れの確認も大切。夏なら太陽光を遮るサンシェードもあると便利。車内の温度上昇が抑えられるのでエアコンの風量を弱めることができ、省燃費にもつながる。

▲大弛峠駐車場。路肩への駐車は厳禁

金峰山へのサブコース

金峰山の頂上に立つだけなら、東側の大弛峠から朝日岳を経て頂上に至る道が最短路の一つとして初級者にもよく登られている。大弛峠から4時間30分ほどで往復でき、コース中に危険箇所はない。また、北面の廻り目平からのコースは金峰山の参道として古くから歩かれてきた。往復で6時間30分ほどかかるため、初級者が日帰りするのは厳しいが、頂上北直下の金峰山小屋に泊まればゆっくり歩ける。

▲朝日岳から見た金峰山（右）

ーの姿が見えるかもしれない。さらに急登を続けるが、途中の分岐などでは忠実にペンキ印を拾って登るようにしよう。

大ヤスリ岩のてっぺんが近づいてくると、やがて尾根上に出る。ここでみずがき林道からの道が合流し、頂上の北側を回り込むように進む。最後にロープ場と鉄バシゴを登れば❽瑞牆山の頂上だ。富士山や南アルプス、八ヶ岳などの展望を楽しんだら、往路を慎重に戻ろう。

▲金峰山頂上からの瑞牆山（中景右の岩峰）。奥は八ヶ岳

▲売店の食事メニューが豊富な富士見平小屋。キャンプ場を併設

コース情報 山小屋はコース上に富士見平小屋（☎090-7254-5698・テント場あり）のほか、登山口に瑞牆山荘☎0551-45-0521、金峰山頂北直下に金峰山小屋☎090-4931-1998がある。大日小屋は無人。

2 金峰山・瑞牆山

N

1:55,000

0　　　500　　　1000m
1cm＝550m
等高線は20mごと

長野県
川上村

国道141号
川端下　長坂IC
金峰山神社
川上牧丘林道
上牧丘林道
北面（長野県側）は路面状態が悪い

日本三百名山

朝日峠

大弛小屋
大弛峠

国師ヶ岳
2592
前国師
三繋平

奥秩父の最高峰。
大弛峠から
登り約1時間
下り約45分

北奥千丈岳
2601

夢の庭園

甲武信ヶ岳

川上牧丘林道

◀柳平・勝沼IC

ゲートから先は入場料が必要

パノラマコース

屋根沢
1906

廻り目平

金峰山荘

有料

ゲート

廻り目平キャンプ場

マラ岩
1855

カモシカ遊歩道

裏瑞牆
2008
弘法岩

小川山
2418

唐沢の滝

金峰山荘から金峰山まで
登り約3時間40分、
下り約2時間50分

森の農園キャンプ場

林道終点

瑞牆風穴
屏風岩

不動滝

黒森コース

大双里沢

摩天岩

花崗岩の岩塔を多数突き出した日本屈指の奇峰だが、見た目に反して登りやすい

弁天岩
夫婦岩

8 瑞牆山
2230

大ヤスリ岩

ところどころにハシゴがかかる岩場がある

林道終点

中ノ沢出合

ヨバリ沢

砂洗沢

芝生広場
みずがき山自然公園

林道終点

分岐点

小川山

桃太郎岩

金峰山参道として古くから歩かれていた道。全般的には歩きやすいコースだが、中ノ沢出合から一気に高度を稼ぐので、それなりの体力が求められる

7 天鳥川出合

八丁平
2058

大日小屋

飯森山
2116

横八丁

富士見平小屋

2

小屋から往復5分

3

大日岩
2201

4

金峰山頂上から往復35分

縦走

老朽化

砂払ノ頭
2317

森林限界

水量少ない（要煮沸）

テント場の利用の際は富士見平小屋に申し込む

鷹見岩
2093

1

県営駐車場

瑞牆山荘

木暮理太郎の碑

金峰山荘キャンプ場

金峰山荘

コンペイトウ

五里山
1673

八幡山
2088

五丈石

5

6 金峰山
2599

金峰山小屋

千代ノ吹上
岩稜帯の通過。
強風にも要注意

賽ノ河原

五丈石
2497

鉄山
2531

朝日岳
2579

甲武信ヶ岳

大弛峠

片手回し岩
2023
トサカ岩

御堂川
御堂小屋跡

大展望が広がる頂上に、シンボルの五丈石を頂く奥秩父の主峰

八幡尾根

水晶峠

金峰山への最短コース。
大弛峠から往復約4時間40分

アコウ平

左上図へ▶

朝日峠

山梨県
山梨市

北杜市

甲府市

唐松嶺
1831

柳平・勝沼IC▶

1泊2日　　標高 **2475 m**　｜　山梨県・長野県・埼玉県　｜　P185-C5

3 甲武信ヶ岳
（こぶしがだけ）

奥秩父の中心にそびえるピラミダルな姿の山へ

▲山梨県側の木賊山から見た甲武信ヶ岳。尖った姿が印象的だ。右の平頂は埼玉県最高峰の三宝山

登山口まで約182km

高井戸IC

↓140km 　**中央道**

長坂IC

↓42km 　県道32・28号、
　　　　国道141号、
　　　　県道68号ほか

毛木平（毛木場駐車場）

緯度 35°57′15″
経度 138°42′37″

プランニングのヒント

天気しだいで往路と復路をチェンジするのがおすすめ。より好天が期待できる日に十文字峠～甲武信ヶ岳の縦走をあてると景色も楽しめて安全だ。毛木平からの出発が遅れた場合、十文字小屋に泊まるか、短時間で登れる逆コースをとったほうがいい。大雨の際は西沢経由のコースは回避し、小屋に停滞する。

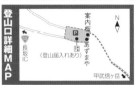

登山口詳細MAP

駐車場情報　毛木平に無料駐車場（約60台）とトイレ（冬期利用不可）あり。飲用水はないので、途中で確保しておきたい。駐車場への林道は一部、未舗装になるが、よく整備されている。携帯電話はつながりづらい。

山のプロフィール

甲斐・信濃・武蔵の三国境に位置する。中央分水嶺上にあり、太平洋では荒川と富士川に、そして日本海では日本一長い川、信濃川に最初の1滴を落とす山でもある。ピラミダルなその姿は、奥秩父のシンボル的存在。登山適期は5月中旬〜11月上旬。

●問合せ先＝川上村企画課☎0267-97-2121

歩 行 時 間	1日目=6時間55分 2日目=4時間
歩 行 距 離	15.6㎞
累積標高差	登り=1500m 下り=1500m
登山難易度	中級★★★★
参 考 地 図	居倉／金峰山

1日目▶❶毛木平の駐車場から林道を歩きだしてまもなく、道標に従い左手に下る。直進する林道は千曲川源流への道で、帰りはこれを下ってくることになる。狭霧橋で千曲川を渡ると、道は尾根の先端を回り込んで、すぐ隣の枝沢に沿うようになる。やがて左手に、一里観音像を見ることができる。

ここからしばらく沢沿いにに登っていく。沢から離れると山腹にジグザグに切られた八丁坂を登り、八丁坂ノ頭とよばれる尾根上の平坦地に出る。ここからゆるく登り、十文字小屋の立つ❷**十文字峠**へ着く。小屋から西に少し下ったところには、乙女ノ森とよばれるシャクナゲの群落がある。

峠から甲武信ヶ岳へは、長野・埼玉県境をほぼ忠実にたどる。まず大山へと、木の根が地表に露出した登山道を登る。❸**大山**の細長い頂上

▲（左）甲武信ヶ岳の頂上に立つ日本百名山の標柱
　（右）十文字小屋の周辺はシャクナゲの名所

からは、出発して初めて四方に広い展望が得られる。大山からいったん急下降し、稜線の長野県側を巻くように登っていくと、行く手に現れる岩峰が武信白岩山（登頂禁止）だ。道はこの山の基部を巻いて続く。

やや急な下りをこなして武信白岩山南の鞍部に着くと、尻岩という巨大な岩が暗い林のなか

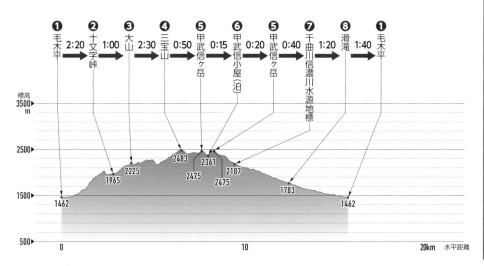

❶ 毛木平		❷ 十文字峠		❸ 大山		❹ 三宝山		❺ 甲武信ヶ岳		❻ 甲武信小屋（泊）		❺ 甲武信ヶ岳		❼ 千曲川信濃川水源地標		❽ 滑滝		❶ 毛木平
	2:20		1:00		2:30		0:50		0:15		0:20		0:40		1:20		1:40	

標高
3500m
2500
1500
500

1462　1965　2225　2483　2475　2361　2475　2187　1783　1462

0　10　20km　水平距離

▲下山路の千曲川源流コースにある滑滝

連休などの駐車場はたいへん混雑する。満車だからとすれ違いゾーンなどに停めるのはルール違反。事前に役場などで、サブの駐車スペースを確認しておきたい。また、少しでも傾斜のあるところでは、サイドブレーキだけでは不安。マニュアル車は1速かバックに、ＡＴ車はＰレンジにシフトし、輪止めもしておこう。石や木で代用してもいい。クルマのキーは可能なら2つもち、別々の人が保管を。

▲石も輪止めとして利用できる

にある。ここから三宝山へ長い登りが始まる。傾斜はさほどでもないが、苦しいところだ。

たどり着いた**❹三宝山**は埼玉県最高峰で、一等三角点がある。少し先の分岐を右に進んだ三宝石からは、甲武信ヶ岳と富士山が似たような姿を並べている。ここからいったん下って登り返し、**❺甲武信ヶ岳**へ到着する。

頂上からは今まで見えなかった山梨県側の山々の眺めが一気に広がる。西を見渡すと、南アルプスから中央アルプス、北アルプスの山々

までがずらり並ぶ。奥秩父の主な山々を指呼できるのもこの山ならでは。眺めを楽しんだら、南東直下の**❻甲武信小屋**へ下る。

2日目 再び**❺甲武信ヶ岳**へ登り、すべりやすい急なザレ場を下ると、すぐに道は尾根の北側に入る。よく踏まれた道をゆるく下っていくと、主稜線から右へ毛木平への道が分岐する。

分岐から30分ほど下ると、**❼千曲川信濃川水源地標**が立つ場所に出る。さらに下るに従って湿地状だった沢に水流が生まれ、やがて小川になっていく。それを何度か丸木橋で渡り返しながら下るといつしか広葉樹が多くなり、風景は明るくなっていく。

美しい**❽滑滝**を見るといったん沢の高みを歩くようになり、ちょっとした急坂を経て再び沢沿いをゆるく下る。大山祇命をまつった小社を見ると林道歩きとなり、カラマツ林のなかを出発点の**❶毛木平**へと戻る。

▲昔ながらの雰囲気をもった甲武信小屋

▲きれいに整備された毛木平の駐車場

N

1:65,000

0　　　500　　　1000m

1cm=650m
等高線は20mごと

三里観音

長野県
川上村

日本基眼

戦場ヶ原

梓白岩
1853

弁慶岩
1879

大山
1860

①毛木平

未舗装箇所あり

一里観音

2:20
1:45

十文字山
2072

十文字峠

十文字小屋

四里観音避難小屋

埼玉県
秩父市

四里観音

1796

股ノ沢林道

カモシカ
展望台

1:00
0:50

五郎山
△2132

マキヨセの頭

大山祇神社

遭難碑

八丁坂
ノ頭

乙女ノ森

シャクナゲ群落

大山③
2225

稜線の西側をたどる

1:40
1:55

沢沿いのコースにつ
き降雨時や降雨直後
の入山は避ける

滑滝⑧

遭難墓標

武信白岩山
2288

頂上は立入禁止

尻岩

△2249

2:30
2:00

真ノ沢林道

丸太橋で何度も
沢を渡り返す

埼玉県最高峰

三宝山④
2483

三宝石

本州中部を横断する山々が
一直線に並ぶ光景が広がる

0:50

笹平避難
小屋

千曲川信濃川水源地標⑦

富士見
2373

1:20
1:40

1:00

0:40

⑤甲武信ヶ岳
2475

奥秩父縦走路

西破風山
△2318

雁坂峠

両門ノ頭
2263

2396

ミズシ

0:15
0:20

甲武信小屋⑥

2469

木賊山

賽ノ河原

笹平

20分下る

東破風山

東梓
2272

急斜面が続く

奥秩父縦走路

国師のタル

鶏冠山
2115

山梨県側のメインコース。
西沢渓谷入口（中央道
勝沼ICから約32km）から
甲武信ヶ岳まで
登り約5時間40分、
下り約4時間10分

1869

合流点

戸渡尾根

鶏冠尾根

近丸新道

2295

△2086

日本三百名山

国師ヶ岳
2592

前国師

2601

北奥千丈岳

天狗岩

奥秩父の最高峰

西沢山荘
（利用不可）

山梨県
山梨市

本流渡渉点

紅葉台

雁坂トンネル経由秩父

徳ちゃん新道

ナレイ沢橋

西沢大橋

東沢山荘

西沢渓谷入口

鶏冠山大橋

道の駅みとみ

道の駅みとみ

塩山・勝沼IC

140

🏠 前夜泊

標高 **2031 m** | 山梨県 | P185-D5

4 乾徳山
（けんとくさん）

スリル満点の岩峰上に広がる360度の大展望

▲乾徳山頂上直下の髭剃岩から望む富士山と甲府盆地

登山口まで約110km

高井戸IC	
↓90km	中央道
勝沼IC	
↓11km	国道20・411号、県道34・38号ほか
新鼻橋北交差点	
↓9km	国道140号、県道209号
徳和登山口	

緯度 35° 47′ 27″
経度 138° 43′ 29″

🚗 **プランニングのヒント**

土・日曜、祝日の登山の場合、中央道が朝から渋滞すること、駐車場の収容台数が少ないことなどから、周辺の宿泊施設に前泊したい（P21「コース情報」参照）。歩行時間を減らしたい場合、コース東側、標高1300mの大平高原にある有料駐車場（2023年11月現在通行不可）を利用すれば1時間強の短縮が可能。

登山口詳細MAP

駐車場情報　県道209号上の徳和川にかかる橋の手前の左右に公共駐車場がある（2カ所約50台、無料）。以前より収容台数は増えたが土・日曜や祝日は混雑するので、早めの到着を心がけたい。

山のプロフィール

武田信玄の菩提寺、恵林寺の山号である「乾徳山」が山名の由来という。確かに恵林寺の方角から見るこの山は鋭く天を指し、誰もが注目する山容だ。森、草原、岩場と変化に富んだ登山道、そして頂上では広い展望が広がる。登山適期は4月下旬〜11月中旬。

●問合せ先＝山梨市観光課☎0553-22-1111

歩 行 時 間	7時間20分
歩 行 距 離	10.2km
累積標高差	登り＝1256m 下り＝1256m
登山難易度	中級★★★★
参 考 地 図	川浦

乾徳山は、東面の大平までの細道を車で上がれば4時間半ほどで往復できるので行程はかなり楽になるが、やや味気ない。南面の徳和にある乾徳山登山口バス停そばにある登山者用駐車場から歩くのがおすすめだ。ただし、標高差1200mにも達するなかなか手強いコースだけに、なるべく前泊したい。

❶徳和登山口の駐車場から、徳和川に沿った車道を行く。やがて人家が途絶えると、未舗装路となる。暗い林のなかをしばらく歩き、大きな案内板の立つ❷登山道入口から登山道へ入る。

いったん林道を横切ったのち、さらに登ると銀晶水とよばれる水場に着くが、水量は少ない。道は尾根筋を登るようになって、狭い平地に駒止の標識を見る。山道は歩きやすくジグザグを切ってつけられているが、急な登りが相変わらず続く。

▲山里の風情漂う徳和集落。すぐ先の左右に駐車場がある

廃道になった林道を横切るとやがて傾斜がゆるみ、水量豊富な錦晶水に着く。この先に水場はないので、休憩ついでに水も補給しておこう。

なだらかになった登山道を歩くと、明るく開けた❸国

▲駐車場から歩くこと約30分で登山道入口に着く

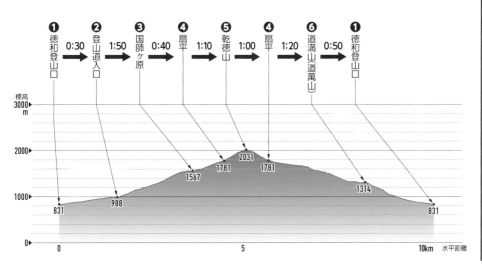

| ❶徳和登山口 | → 0:30 | ❷登山道入口 | → 1:50 | ❸国師ヶ原 | → 0:40 | ❹扇平 | → 1:10 | ❺乾徳山 | → 1:00 | ❹扇平 | → 1:20 | ❻道満山(道萬山) | → 0:50 | ❶徳和登山口 |

標高 3000m
2031
1781 1781
1567
1314
831 988 831
1000
0
0 5 10km 水平距離

▲ススキの原が広がる国師ヶ原から乾徳山を望む

▲乾徳山頂上部の岩場。クサリが設置されているが慎重に

▲石造りの祠がまつられた乾徳山頂上

師ヶ原に出る。ここで初めく整った三角錐の乾徳山が姿を現す。その勇姿を見ながら進むと四辻に出るが、ここでは直進する。この四辻を左に進むと、避難小屋の高原ヒュッテが立っていて、天候急変時に心強い。

行く手に一段高く見えるカヤトの原が扇平で、そこに向かって再び林のなかを急登する。林を抜けると月見岩という大岩に突き当たり、ここで大平方面からの尾根筋の道が合流する。この❹扇平で富士山や南アルプス方面の眺めが開ける。しかしそれもわずかな間で、黒木の森（亜高山帯針葉樹林）へと入る。

根がからみついた岩を縫うように急登していくと、いよいよ髭剃岩やカミナリ岩、鳳岩（天狗岩）などクサリのかかった岩場が連続するようになる。眺めが開けてくるが高度感が増す。頂上直下の鳳岩が最後の難所で、クサリがあるものの手強い。右手へと回り込んで、向こう側から岩場を避けて頂上に登ることもできるの

で、岩場やクサリの通過に自信のない人は、こちらを通るようにしたい。

❺乾徳山頂上は大岩が積み重なっていて、登山者が多いときには休む場所にも事欠く。しかし眺めは実に広く、今まで乾徳山そのものに隠されていた奥秩父の主脈が、東は飛龍山あたりから、西は国師ヶ岳まで見渡せ圧巻だ。

下山は頂上の西面を巻く迂回新道を通らず、往路を引き返して❹扇平まで下る。往路を右に

▲国師ヶ原の一角に立つ高原ヒュッテ（緊急時以外使用不可）

コース情報　下山後の温泉は、国道140号沿いの山梨市三富地区にみとみ笛吹の湯☎0553-39-2610、山梨市牧丘地区に花かげの湯☎0553-35-4126、はやぶさ温泉☎0553-35-2611がある。

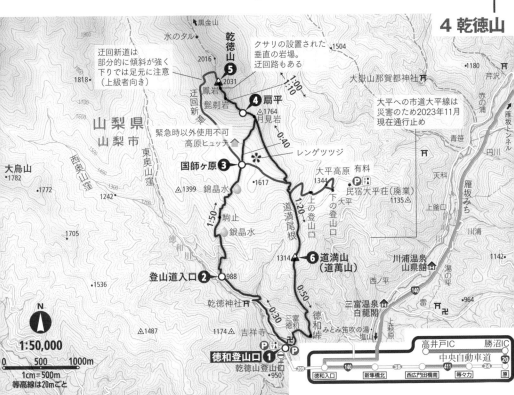

分けて直進し、道満尾根を下降する。途中右に富士山を見てさらに下ると、迂回新道や国師ヶ原からの道が合流する。この先は二度大平高原からの道と交わるが、ひたすら尾根上に続く道を下って道満山をめざす。

なお、乾徳山頂上からの迂回新道は、頂上直下に荒れた箇所や急斜面の下りなどがあるが、乾徳山のクサリ場を難なく歩ける人ならとくに差し支えないだろう。難所の通過後は高原ヒュッテを経て❸国師ヶ原（こくしがはら）に出て、四辻を直進する。古い作業道をたどると、扇平からの道が左から合流する（頂上から道満山へ2時間20分）。

❻道満山（どうまんやま）（道萬山（どうまんやま））の標識と四等三角点のある小突起を過ぎるとやや急な下りとなる。長い下りに飽き飽きしたころ、暗い植林地のなかの徳和峠に着く。ここから右へわずかに下ると、徳和集落の上部の車道に出る。

あとは辻々にある道標に従って車道をのんびりと下っていけば、❶徳和登山口（とくわとざんぐち）の駐車場は近い。

岩場は三点確保で慎重に

乾徳山は人気の山だが、標高差が大きく、頂上付近の岩場では事故も起きているので慎重に行動したい。岩場では常に三点確保を心がける。三点確保とは、両手、両足の4点の手がかり、足がかりのうち、常に3点で確保しながら行動するという基本動作だ。つまり、一度の動作で動かしていいのは両手、両足のうち1カ所のみ。そして、足裏にしっかりと重心が乗るよう、怖がらず岩から体を離す感覚で行動すること。なお、岩場やクサリは濡れているとスリップや滑落の原因となるので、雨の日や降雨直後の入山はくれぐれも控えていただきたい。

▲下りは登り以上に要注意

渋滞情報の確認

週末の高速道路の渋滞を避けるには、前の晩に出発してしまうのがいちばんだが、事前に渋滞予測情報を入手しておけば、時間のロスが軽減できる。日本道路交通情報センター（JARTIC）のホームページや各高速道路会社のホームページでは毎日の渋滞予測がチェックできるので、ぜひ活用したい。

◀東名高速の渋滞

4 乾徳山

黒金山

水のタル

乾徳山 2016

⑤ 2031

迂回新道は部分的に傾斜が強く下りでは足元に注意（上級者向き）

クサリの設置された垂直の岩場。迂回路もある

大嶽山那賀都神社

迂回新道

鳳岩
髭剃岩

④ 扇平
月見岩 1764

大平への市道大平線は災害のため2023年11月現在通行止め

山梨県
山梨市

緊急時以外使用不可
高原ヒュッテ

レンゲツツジ

国師ヶ原 ❸

大平高原

大鳥山 1782

△1399 錦晶水

1617

大平

1344

民宿大平荘（廃業）
1135△

1:50

駒止
銀晶水

道満尾根

1:20

上の登山口

下の登山口

川浦温泉
山県館

1314△ ❻ 道満山（道萬山）

登山道入口 ❷ 988

西ノ平

三富温泉
白龍閣

乾徳神社

徳和峠

みとみ笛吹の湯・塩山

△1487　吉祥寺

1174

徳和

三富

吉祥寺

徳和登山口 ❶
乾徳山登山口
・950

N

1:50,000

0 500 1000m
1cm＝500m
等高線は20mごと

標高 **1412 m** | 山梨県 | P186-A2

5

石割山
いしわりやま

富士山展望の山。山中にパワースポットの神社も

▲石割山頂上から望む富士山。左には富士五湖の一つ山中湖が、左奥には愛鷹山が見える

登山口まで約112km

高井戸IC

↓94km　**中央道**

河口湖IC

↓9km　**東富士五湖道路**

山中湖IC

↓9km　**県道729号、国道413号、林道ほか**

石割神社駐車場

緯度 35°26′25″
経度 138°54′11″

プランニングのヒント

本書では中央道経由でのアクセスとしたが、都心南部や横浜在住の場合は東名高速、国道138号経由でアクセスするとよい（御殿場ICから石割神社駐車場へ約25km）。展望の利く日であれば、東海自然歩道分岐から5分ほどの平尾山（1290m）まで足を延ばそう。石割山からよりも、より大きな富士山を眺めることができる。

登山口詳細MAP

駐車場情報

国道413号沿いの赤い鳥居のある分岐を左に入って林道を進むと、左手に駐車場（2カ所約30台）がある。駐車場の対面に黄色い欄干の橋（太鼓橋）があり、そこを渡った左手が、赤い鳥居が立てられた石割山への登山口だ。

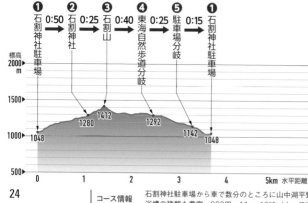

❶ 石割神社駐車場 → 0:50 → ❷ 石割神社 → 0:25 → ❸ 石割山 → 0:40 → ❹ 東海自然歩道分岐 → 0:25 → ❺ 駐車場分岐 → 0:15 → ❶ 石割神社駐車場

標高 2000m / 1500 / 1000 / 500

1048　1280　1412　1292　1142　1048

0　1　2　3　4　5km　水平距離

コース情報　石割神社駐車場から車で数分のところに山中湖平野温泉・石割の湯がある。大浴場や檜風呂、岩風呂など浴槽の種類も豊富。900円、11〜19時（土・日曜、祝日〜20時）、木曜休。☎0555-20-3355

山のプロフィール

富士山の東側に位置し、山中湖を隔てて富士山と対峙している。手頃な登山行程とともに頂上に待つ眺望のすばらしさで、山歩き初級者から楽しめる一山として人気が高い。登山適期は3月上旬〜12月下旬（ただし盛夏は除く）。

●問合せ先＝山中湖観光協会☎0555-62-3100

歩行時間	2時間35分
歩行距離	3.7km
累積標高差	登り＝420m 下り＝420m
登山難易度	入門★
参考地図	御正体山

❶**石割神社駐車場**から対面にある小さな太鼓橋を渡り、赤い鳥居をくぐると石割神社の参道である石段が一直線に延びている。息の切れる階段登りは、くの字となって右に折れ、富士見平に登り着く。ここから左に折れ、尾根上に続く幅広の作業道を登っていく。これが途切れた先に❷**石割神社**がまつられている。社殿の背後にそそり立つ高さ15mほどの大岩が、石割山山名由来のご神体となっている。

頂上への登山道は、社殿に向かって左手から延びてい

▲石割神社と大岩

る。左斜めに上がったのちに神社の裏手をからみ、急斜面を登っていく。登り着いた❸**石割山**頂上は西面に開け、石割山稜と山中湖の湖面を隔ててそびえる富士の姿が大きい。

頂上からは富士山を正面に見据えて、標高差約100mを下っていく。雨後などはとくに滑りやすい急斜面なので、慎重に下りたい。やがておだやかな尾根道に変わり、小さな起伏を越えると❹**東海自然歩道分岐**に出る。

分岐を左にとり、「平野」の標識に従い下る。この尾根道は国道413号上の石割山ハイキングコース入口バス停付近まで延びるもので、その途中の❺**駐車場分岐**を左に折れ、約15分の下りで❶**石割神社駐車場**に戻り着く。

5 石割山

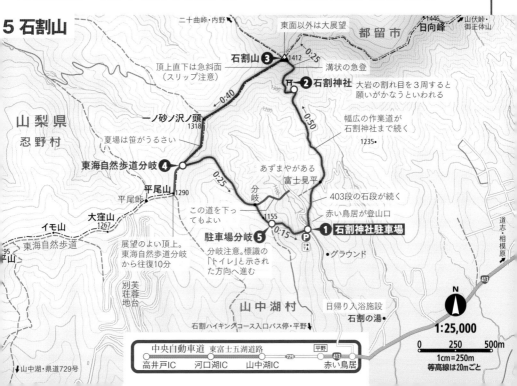

標高 **1793** m ｜ 山梨県 ｜ P186-A1

6 黒岳 (くろだけ)

ブナの深い森と富士山の眺めを堪能できる御坂山塊の一峰

▲釈迦ヶ岳の頂上から見た黒岳(右)。どっしりした姿が印象的だ。すぐ左の山は三ツ峠山

登山口まで114km

高井戸IC
↓71km　中央道

大月JCT
↓23km　中央道
　　　　富士吉田線

河口湖IC
↓20km　国道139・137号、
　　　　県道707・21・
　　　　719号、
　　　　蕉入沢上芦川林道

**すずらん群生地
駐車場**

緯度 35°33′30″
経度 138°44′03″

プランニングのヒント

河口湖ICと中央道・一宮御坂IC、どちらからもほぼ同距離でアプローチできる。登山口の近くに商店などはないので、買い物はIC近くですませておこう。御坂の鋭峰、釈迦ヶ岳を同時登山する場合は、先に釈迦ヶ岳を登って府駒山、日向坂峠を経て黒岳に立ち、すずらん峠から直接、すずらん群生地駐車場に下る道(約25分)を歩くといい。

登山口詳細MAP

駐車場情報

すずらん群生地の駐車場は約50台分。トイレあり。5月下旬～6月上旬のすずらんの花期は満車になることもあるので早めの到着を。なお新道峠直下の駐車場は、FUJIYAMAツインテラス開設に伴い閉鎖されている。

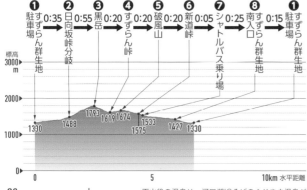

❶駐車場すずらん群生地 0:35 ❷日向坂峠分岐 0:55 ❸黒岳 0:20 ❹すずらん峠 0:20 ❺破風山 0:20 ❻新道峠 0:05 ❼シャトルバス乗り場 0:25 ❽南入沢口 0:15 ❶駐車場すずらん群生地

標高
3000
m

2000

1000
1330　1488　1793 1619 1674　1533　1427 1330
　　　　　　　　　1575

0　　　　　5　　　　10km 水平距離

｜ コース情報 ｜ 下山後の温泉は、河口湖ICそばのふじやま温泉がおすすめ。泉質は珍しい炭酸水素塩泉。1600円(土・日曜、祝日2000円)、10～23時、不定休。☎0555-22-1126

山のプロフィール

日本三百名山の一山、黒岳の一帯は「やまなしの魅力ある森林スポット100選」にも選定され、ブナやミズナラの大木が深い森をつくる。頂上直下に、富士山を望む展望所がある。好展望の釈迦ヶ岳と結んで歩く人も増えているようだ。登山適期は4～11月。

●問合せ先=笛吹市観光商工課☎055-262-4111

歩 行 時 間	3時間15分
歩 行 距 離	6.7km
累積標高差	登り=587m 下り=587m
登山難易度	初級★★
参 考 地 図	河口湖西部

❶すずらん群生地駐車場から林道を歩き、ゆるやかに高度を上げる。左に大きくカーブした先で、右へと登山道に入る。❷日向坂峠分岐に出たら、ここは黒岳方面へと右へ進む。

道はだんだんと傾斜を増し、周囲はブナやミズナラの深い森に包まれ始める。森の空気を味わいながら急坂に汗を絞れば、やがて御坂峠と黒岳を結ぶ稜線に飛び出す。右に行けば❸黒岳はすぐだ。樹林の頂上は展望がないが、河口湖方面に100mほど行くと富士山や河口湖を望む展望所がある。頂上に戻り、西へと尾根を下る。急斜面ではスリップに注意しよう。20分ほど下ると❹すずらん峠で、ここからは右へと、すずらん群生地駐車場へ下ることもできる。

峠から❺破風山へはゆるやかな登り返し。長くなだらかな頂上を歩き、ところどころで富士山を眺めながら緩斜面を下れば富士山の眺めがすばらしい❻新道峠だ。ここから❼シャトルバス乗り場へはわずか。林道をのんびり下ればほどなく❽すずらん群生地南入口で、群生地を抜けて❶すずらん群生地駐車場へと戻ろう。

▲FUJIYAMAツインテラス（第1展望台）からの雄大な景観

標高 **2052 m**（奥仙重）　山梨県　**P185-D4**

7 櫛形山

くしがたやま

アヤメ咲く頂へ、最も標高差の少ないコースで登る

▲櫛形山の山中には原生林が残り、幽玄な雰囲気を醸し出している

登山口まで157km

高井戸IC

↓136km　中央道・中部横断道

増穂IC

↓21km　国道52号、県道413号、丸山林道、池ノ茶屋林道

池ノ茶屋林道終点

緯度 35° 35′ 06″
経度 138° 21′ 45″

プランニングのヒント

紹介する池ノ茶屋林道終点からのコースは標高差が少ない初級者向け。物足りない人は北東面の見晴らし平を起点にしてもいい。このほかにも頂上へはいくつも登山道が延び、体力や好みに合ったコースを選択できる。どの登山道もよく整備され、道標もしっかりしている。アヤメやヤマオダマキが咲く初夏がおすすめだ。

登山口詳細MAP

駐車場情報

池ノ茶屋林道終点に無料の駐車場があるが、約15台と少ない。土・日曜、祝日は早朝から混雑しがちだが、空きスペースへの駐車は厳禁。アクセス路の丸山林道や池ノ茶屋林道は舗装こそされているが、道幅が狭くすれ違いの際は要注意。

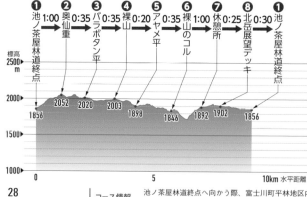

❶池ノ茶屋林道終点 1:00 →
❷奥仙重 0:35 →
❸バラボタン平 0:35 →
❹裸山 0:20 →
❺アヤメ平 0:35 →
❻裸山のコル 1:00 →
❼休憩所 0:25 →
❽北岳展望デッキ 0:30 →
❶池ノ茶屋林道終点

標高 2500m・2000・1500・1000

1856 / 2052 / 2020 / 2003 / 1898 / 1846 / 1892 / 1902 / 1856

0 / 5 / 10km 水平距離

コース情報　池ノ茶屋林道終点へ向かう際、富士川町平林地区内では車道が数多く分岐するが、要所に丸山林道への案内があるので見落とさずに走行すること。

山のプロフィル

甲府盆地などから見ると和櫛を伏せたような山容で、すぐにそれとわかる山。アヤメ平のアヤメは一時期、消滅しかけたが、近年は徐々に回復しつつある。登山適期は6～10月。

●問合せ先＝南アルプス市観光推進課☎055-282-7261／富士川町産業振興課☎0556-22-7202

歩行時間	**5**時間
歩行距離	**9.1**km
累積標高差	登り＝703m 下り＝703m
登山難易度	初級★★
参考地図	夜叉神峠

❶池ノ茶屋林道終点の駐車場南端が登山口。カラマツ林内の道をゆるやかに登るとまもなく尾根に上がり、さらに登っていくとやがて櫛形山の三角点がある❷奥仙重に出る。

尾根を北進すると、20分ほどで櫛形山最高点を示す標識が立つピークがある。ここからさらに進むと❸バラボタン平で、祠頭からの道が合流する。このあたりでは、カラマツに樹状地衣類のサルオガセが垂れ下がる様子が見られる。

標識に従って進むと、櫛形山のピークの一つで好展望の❹裸山に着く。7月上旬なら斜面にアヤメが咲いている。

その先の❺アヤメ平からは、櫛形山西面をたどる通称「トレッキングコース」に入る。アッ

プダウンのある道を❻裸山のコル、もみじ沢、トイレのある❼休憩所を経て、北岳や甲斐駒ヶ岳を望む❽北岳展望デッキへ。あとは幅広の整備された道を大きく蛇行しながら標高を下げ、❶池ノ茶屋林道終点へと戻っていく。

▲北岳展望デッキから望む白根三山の主峰、北岳

7 櫛形山

見晴らし平～アヤメ平間
登り1時間30分、下り1時間10分

県民の森～
バラボタン平間
登り2時間30分、
下り2時間10分

山梨県
南アルプス市

1:35,000

N

1cm＝350m
等高線は20mごと

0　　　500　　　1000m

富士川町

1泊2日　標高 **2841 m**（観音岳）｜山梨県｜P185-D4

8

鳳凰三山
<small>ほう　おう　さん　ざん</small>

白峰三山と対峙する南アルプス入門コース

▲薬師岳南方の砂払岳から望む薬師岳（右）と観音岳（中央やや左）。左下の建物は薬師岳小屋

登山口まで146km

高井戸IC

↓124km　**中央道**

韮崎IC

↓22km　県道27号、国道20号、小武川林道

青木鉱泉

緯度 35°42′50″
経度 138°21′12″

プランニングのヒント

青木鉱泉からの周回登山となるので、中道、ドンドコ沢、どちらのコースを登りにとってもかまわない。中道から登った場合は薬師岳小屋、ドンドコ沢からなら鳳凰小屋に泊まるといいだろう。ドンドコ沢は急な露岩帯もあり、岩場の下りが苦手な人はドンドコ沢を登って中道を下ってもいいかもしれない。

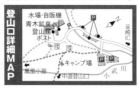

桐沢橋東詰〜鳥居峠
経由でもアクセス可
（カーブ多い）

駐車場情報　青木鉱泉の駐車場には約100台が駐車可（有料・鉱泉宿泊者は無料）。ここにはトイレと水場、テント場があるので車中泊、キャンプもできる。御座石温泉（2024年の営業未定）には無料の市営駐車場がある。

山のプロフィール

鳳凰三山は薬師岳、観音岳、地蔵岳の総称。野呂川をはさんで北岳と対峙する山稜。南アルプス入門の山として人気が高いが、紹介した中道は標高差が1700mにおよぶ。体力勝負となるので、体調を整えて臨もう。登山適期は6月中旬〜10月中旬。

●問合せ先＝韮崎市産業観光課☎0551-22-1111

歩行時間	1日目＝5時間50分 2日目＝7時間30分
歩行距離	15.5km
累積標高差	登り＝2138m 下り＝2138m
登山難易度	中級★★★★
参考地図	鳳凰山

1日目▶**❶青木鉱泉**をスタートするとすぐに、ドンドコ沢登山道と薬師岳（中道登山道）の分岐案内がある。左へ進み、木橋で沢を渡ったらしばらく林道を登る。途中では、地蔵岳のオベリスクも顔をのぞかせる。青木鉱泉から40分ほどで**❷中道登山口**だ。

観音岳までの長い登りが始まる。カラマツ林をジグザグに登って林道を横断し、さらに樹林帯を登っていく。周囲がシラビソ林に変わると、夏ならば足元にゴゼンタチバナの白い花を見ることができるだろう。やがて、巨石が横たわる**❸御座石**に到着する。支え棒がご愛敬だ。

ここからは徐々にシラビソ林が低くなり、樹間には富士山が見えるようになる。さらにダケカンバが多くなれば、森林限界は近い。見上げれば薬師岳の山頂部も見えてくる。最後に急登すれば砂礫の道となり、花崗岩の巨岩が現れる

▲朝の薬師岳からの富士山。早起きしてぜひ眺めたい光景だ

と**❹薬師岳**の山上だ。山頂標識がある頂上は岩の脇を通り、窪地を抜けたところ。白峰三山の眺めが見事だ。頂上から夜叉神峠方面へひと下りすれば、**❺薬師岳小屋**に到着する。すぐ近くのピーク、砂払岳から甲府盆地や富士山の夕景を見るのなら、ヘッドランプは忘れずに。

2日目▶早朝、砂払岳からの御来光ショーを楽

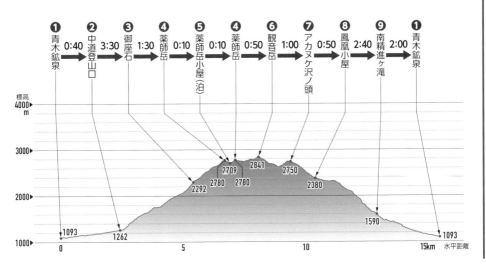

❶青木鉱泉 0:40 ❷中道登山口 3:30 ❸御座石 1:30 ❹薬師岳 0:10 ❺薬師岳小屋（泊）0:10 ❹薬師岳 0:50 ❻観音岳 1:00 ❼アカヌケ沢ノ頭 0:50 ❽鳳凰小屋 2:40 ❾南精進ヶ滝 2:00 ❶青木鉱泉

標高 1093 1262 2292 2780 2709 2780 2841 2750 2380 1590 1093

コース情報 コース中の山小屋は青木鉱泉（2023年現在素泊まりのみ）☎070-4174-1425、薬師岳小屋☎090-5561-1242、鳳凰小屋☎0551-27-2466の3軒（薬師岳小屋以外はテント場あり）。いずれも要予約。

▲地蔵岳のシンボル、オベリスク

夜叉神峠からの縦走コース

マイカー利用の場合はクルマを回収する手段が必要になるが、夜叉神峠から鳳凰三山を経て広河原バス停に下るコースは、南アルプス縦走の入門コースとしておすすめだ。ところどころで白峰三山が見渡せるのが魅力で、縦走路には4軒の有人小屋があるため、初級者にとっても心強い。大きな登り返しも少ない。夜叉神峠から薬師岳までは約7時間。南御室小屋か薬師岳小屋に泊まることになる。

▲薬師岳からの北岳

しみ、小屋に戻って❹薬師岳へと登り返す。まずは観音岳をめざそう。

　ハイマツと花崗岩のコントラストが気持ちよい稜線をゆるやかに進む。夏、稜線ではタカネビランジが咲き、左手には北岳、右前方には八ヶ岳が広がり、心地よい稜線歩きだ。最後にひと登りすれば、岩が折り重なる❻観音岳に到着する。鳳凰三山の最高峰でもあり、岩上からはめざすアカヌケ沢ノ頭の先に甲斐駒ヶ岳も見えてくる。天気がよければ甲斐駒ヶ岳の右奥に北アルプスの槍・穂高連峰も望めるだろう。

　観音岳からの下りは砂礫と岩混じりの道となるので、足元に注意したい。鞍部で鳳凰小屋へ直接下る道を分け、ひと登りで❼アカヌケ沢ノ頭だ。眼前には地蔵岳のシンボル、オベリスクが立っている。展望を楽しんだら早川尾根への道と分かれ、右の道を下る。地蔵尊が安置された賽ノ河原を経てオベリスクの基部に至る。

　オベリスクの基部からは、ザレ場の急斜面を一気に下る。花崗岩が風化した砂礫地は、雪道の下りのキックステップの要領でかかとを打ち込む感じで下ると安定する。ザレ場を抜け、ダ

▲薬師岳から観音岳へと続く稜線を歩く

ケカンバ林からシラビソ林へと入っていけば、やがて❽鳳凰小屋（建て替え工事のため2024年秋まで使用不可）に到着だ。

　小屋の右手から、樹林帯のなかに続くドンドコ沢コースを下っていく。ところどころ足場が悪く、濡れているとすべるので急がず下ろう。途中、五色ヶ滝（五色ノ滝）、鳳凰ノ滝などを経て下っていけば、ダイナミックな❾南精進ヶ滝が最後を飾る。各滝は山道から直接、見られないものもあるので、時間に応じて立ち寄りたい。

　滝群を過ぎ、さらに山道を下ると広い河原沿いの道となり、❶青木鉱泉に到着する。

▲地蔵岳からザレ場を急下降

▲▶タカネビランジ（上）と南精進ヶ滝（右）

北杜市

離山
・2307

・1852

御座石温泉〜鳳凰小屋間
登り約5時間30分、
下り約3時間30分

西ノ平

御座石温泉

P

青木鉱泉

アカヌケ沢ノ頭から広河原
バス停まで約3時間40分。
広河原からバスで夜叉神峠
登山口に戻る

地蔵岳のシンボル、オベリスク
へは岩登りの経験者以外は
トライしないこと

燕頭山
・2105

御座石温泉〜青木鉱泉間
50分(逆コースも同タイム)

砂礫の急な下り

白鳳峠

地蔵岳
2764

2024年秋まで建て替え
工事のため休業予定

南精進ヶ滝

青木鉱泉 **1**

立ち寄り入浴可

早川尾根

高嶺
・2779

賽ノ河原

基部 0:50

8 鳳凰小屋

徒渉(ルート注意)

・1387

小武川林道

アカヌケ沢ノ頭 **7**
2750

露岩帯の
急な下り

9

・1273

2:00

0:40

地蔵岳・オベリスクの
迫力ある姿を望む

天気悪化時の
エスケープルート

2:40

・1242

中道登山口 **2**

鳳凰三山

6 観音岳
2841

五色ヶ滝
白糸ノ滝

南精進ヶ滝

韮崎市

林道を
歩く

鳳凰山の最高峰。すば
らしい展望が広がる

1:00

・2333

長くきつい
登りが続く

3:30

7月中旬〜下旬にかけて
タカネビランジが咲いている

0:50

4 薬師岳
2780

・1382

中道

・2025

0:10

1:30

2050

・1803

眺めのよいピーク

砂払岳

5 薬師岳小屋

3 御座石

大きな岩が目印

山梨県
南アルプス市

2587

・1843

南アルプス林道

・1950

南御室小屋

2491

・2084

辻山
2585

苺平

シロバナヘビイチゴが咲く
ことから名前がついた

大馴鹿峠

・2004

・1259

・1534

・2177

・2309

・1524

・1831

池山御池小屋

・2005

山火事跡

・2211

あるき沢橋

・1542

・2064 池山

南アルプス縦走の入門コース。
夜叉神峠登山口から薬師岳小
屋まで約7時間。逆コースは
約5時間10分(P32コラム参照)

杖立峠

大崖頭山
2186

・1474

・1721

ヤナギランの花越しに
白峰三山を望む

夜叉神峠
小屋

夜叉神峠登山口

P

南アルプスIC

・1192

鷲ノ住山

・1534

早川町

・1856

・1076

観音経
トンネル

1555・

夜叉神ヒュッテ

夜叉神峠
登山口

P

奈良田

N

1:50,000

500   1000m

1cm=500m

等高線は20mごと

中央自動車道

宮脇

20

ツ谷

141

東中学校前

韮崎IC

高井戸IC

標高 **2480 m**（横岳北峰）・**2403 m**（縞枯山）　**長野県**　**P185-C4**

9 横岳（よこだけ）・縞枯山（しまがれやま）

北八ツの最高峰と原生林に覆われた峰々を結ぶ周回コース

▲北八ヶ岳の最高点、横岳北峰頂上からは正面に大きく蓼科山を望むことができる（遠景は北アルプス）

登山口まで約203km

高井戸IC	
↓172km	中央道
諏訪IC	
↓10km	国道20・152号
湖東新井交差点	
↓21km	国道299号
麦草峠	

緯度 36°03′31″
経度 138°20′42″

プランニングのヒント
中央道の諏訪ICから国道152・299号などで麦草峠へ。距離こそ長くなるが、中部横断道八千穂高原ICから国道299号経由でもアクセスできる。別プランとしては、西麓の北八ヶ岳ロープウェイを利用して、山頂駅を起点とする周回コースとしてもよい。麦草峠の駐車場が満車時にも使えるプランだ。

登山口詳細MAP

駐車場情報　茅野方面から来た場合、麦草峠の手前右側に公共駐車場（約30台）がある。トイレは駐車場奥。なお、麦草ヒュッテに宿泊する場合は、建物の前に専用駐車場が用意されている。

山のプロフィール

横岳（南八ツの横岳と区別するため北横岳ともよぶ）は八ヶ岳連峰の北端にそびえ、2つのピークは絶好の展望台だ。その南には縞枯山をはじめ原生林に覆われた個性的なピークが連なり、変化に富んだ縦走が楽しめる。登山適期は5月下旬〜11月上旬。

●問合せ先＝八ヶ岳観光協会☎0266-73-8550

歩行時間	6時間30分
歩行距離	11.8km
累積標高差	登り＝749m 下り＝749m
登山難易度	中級★★★
参考地図	蓼科

北八ツの山中を横断する国道299号の麦草峠を起点に、北八ツ最高峰の横岳へ登る。花咲く五辻の草原、庭園のような溶岩台地・坪庭、横岳頂上からの雄大な展望、そして不思議な縞枯れ現象や苔むす原生林の山稜歩きと、北八ツの魅力を存分に味わうことができる、変化に富んだ周回コースを紹介する。

駐車場からすぐ先の❶**麦草峠**に立つ麦草ヒュッテへ向かう。ヒュッテの横から散策路に入り、苔むす原生林に続く平坦な道を進む。オトギリ平への道を右に分け、ゆるやかに下っていく。国道が近づいてくると、夏期にはヤナギランが咲く草原にあずまややベンチが設けられた、❷**狭霧苑地**に出る。

左は渋の湯への道。ここは右へ国道を横切って、再び原生林のなかへ入っていく。ここからロープウェイ山頂駅までは茶臼山、縞枯山の西山腹を縫う、おおむねゆるやかな登りが続く。出逢ノ辻でオトギリ平への道を右に分けて登っていくと、草原が広がる❸**五辻**に出る。ここにも大きなあずまや（五辻休憩所）があるので、ひと休みするのもよい。草原にはアザミなど花が多く、クジャクチョウやアサギマダラなどのチョウが優雅に飛びかっている。

あずまやのすぐ先で右に縞枯山と茶臼山の鞍部へ至る細道を分ける。再び樹林に入るが、ほ

▲登山者は国道299号沿いの駐車場に車を停める

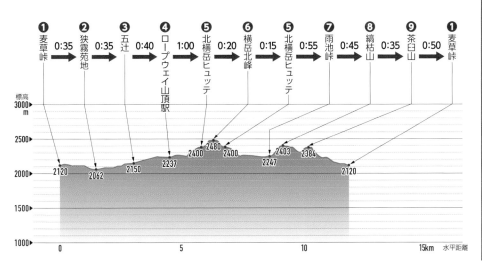

| ❶ 麦草峠 | 0:35 | ❷ 狭霧苑地 | 0:35 | ❸ 五辻 | 0:40 | ❹ ロープウェイ山頂駅 | 1:00 | ❺ 北横岳ヒュッテ | 0:20 | ❻ 横岳北峰 | 0:15 | ❺ 北横岳ヒュッテ | 0:55 | ❼ 雨池峠 | 0:45 | ❽ 縞枯山 | 0:35 | ❾ 茶臼山 | 0:50 | ❶ 麦草峠 |

標高 3000m / 2500 / 2000 / 1500 / 1000

2120 / 2062 / 2150 / 2237 / 2400 / 2480 / 2400 / 2247 / 2403 / 2384 / 2120

0 / 5 / 10 / 15km　水平距離

コース情報　コース中には麦草ヒュッテ☎090-7426-0036（定休日あり）、縞枯山荘☎090-2235-4499（定休日あり）、北横岳ヒュッテ☎090-3140-9702がある。いずれも通年営業で要予約。テント場はない。

▲色づく坪庭の溶岩台地。高山植物が咲く夏も魅力

▲360度の展望が広がる横岳南峰の広い頂上

どなく笹原が広がる斜面に出て、視界が大きく開ける。北アルプスから南アルプスまで一望でき、右手には縞枯れ模様の縞枯山が大きい。

笹原を抜けて再び樹林に入ると、木道を進むようになる。道脇にはカニコウモリやカラマツソウなどの白花が目立つ。笹平とよばれる広大な笹原の斜面に飛び出すと、行く手にロープウェイ山頂駅が見え、左手には諏訪盆地が大きな広がりを見せる。笹原に続く木道をたどり、山麓駅へと下るひょうたん坂を見送れば、観光客でにぎわう❹ロープウェイ山頂駅に着く。

山頂駅前に広がる坪庭の探勝路は時計回りの一方通行になっている。道標に従って進み、溶岩台地に上がると左に横岳への登山道が分岐する。登山道に入るといったん下りとなって小沢を越え、急な九十九折の登りで尾根上の縦走路に合流する。右に三ツ岳への道を分け、左へ5分ほど登ると❺北横岳ヒュッテの前に出る。まずは七ツ池を見にいこう。ここから往復10分とかからない。その名のように大小の池が7つほどあり、それぞれ趣が異なる自然の庭園だ。

横岳へは、ヒュッテ前から急斜面を登る。九十九折の急坂から階段状の直登となり、横岳南峰に出る。8mほど標高の高い横岳❻北峰へはごくわずか。どちらの頂も展望は申し分ない。

360度のパノラマを堪能したら、坪庭の登山口まで往路を戻ろう。探勝路の順路に沿って進み、雨池峠への分岐を左折する。草原が広がる八丁平を木道で進み、縞枯山荘前からゆるやかに登れば、枯れ木立ちが目立つ❼雨池峠に着く。峠は十字路になっており、縞枯山へは右に曲がる。登りだしはゆるやかだが、ほどなくシラビソ林の急登となり、尾根の一角のような❽縞枯山頂上に飛び出す。頂上から左へ直角に折れるように続く狭い廊下状の頂稜を進み、ゆるやかに下っていく。やがて左手に岩塊の重なる突起が現れる。ここが縞枯山展望台で、縦走路からものの2分で往復できる。ここからの展望もすばらしく、小さな富士山のような茶臼山が印象的だ。

分岐に戻り、茶臼山との鞍部へ石畳の急坂を下る。鞍部で五辻への道を分けて、茶臼山へ登っていく。❾茶臼山の頂上は樹林に囲まれ展望

▲ロープウェイ山頂駅の展望デッキ

▲初夏は満々と水をたたえる七ツ池

▶四方向の分岐となる雨池峠

はないが、右に2分ほど進むと大岩が重なる展望台がある。目の前に縞枯山や横岳、蓼科山が望め、北アルプスの峰々が雄大だ。

展望を満喫したら茶臼山の頂上に戻り、下山にかかろう。シラビソ林を急降下し、岩のゴロゴロした道を進む。やがて道は平坦になって、わずかに登ると最後の展望台、中小場（なかこば）に着く。ひと休みしたら、最後の下りにかかる。足元に笹原が広がりだすと、オトギリ平への道を分ける大石峠に着く。ここから苔むす樹林をゆるやかに下っていく。左に雨池への道を分け、茶水（ちゃすい）池の横を抜ければ❶麦草峠（むぐくさとうげ）に帰り着く。

▲ 狭い廊下のような縞枯山の頂上部

白駒池散策をプラスする

麦草峠から八千穂高原側へ車で5分ほどに白駒池（しらこま）池入口の駐車場がある。白駒池は周囲を原生林に囲まれた北八ヶ岳最大の池で、駐車場から北岸まで徒歩20分ほどの距離なので、1時間ほど時間があれば十分散策可能だ。北岸と南西岸には山小屋もある。

▲ 秋色に染まる白駒池

渋滞を避けるコツ

平日に山に行ければいいのだが、なかなかそうもいかないもの。週末や祝日に登山に行く場合は、やはり時間差（行きは早朝、帰りは日没後）の移動がポイントになる。高速道路の下り線の渋滞は6〜10時、上り線は15〜20時頃がピークなので、それをはずすといい。帰りは温泉で汗を流したり、名物の食べ物を味わうなどして時間をつぶしてから高速に乗ろう。行きは渋滞にはまって本来の目的の山に行けないことも考慮して、手前にある別の山もあらかじめ決めておくようにしたい。

▲ 渋滞では追突事故などに注意

9 横岳・縞枯山

亀甲池　双子池

0.15 0.20　大だ子（岳）2382

横岳【横岳】　北峰 ❻　北峰 2480　三ツ岳 2360

南峰、北峰とも360度の大展望　南峰 2472　0.55

北横岳ヒュッテ ❺　縞枯山荘　八丁平　雨池山 2325

ロープウェイ山頂駅 ❹　急登　雨池峠 ❼

一角にパワースポットの横岳神社がある　坪庭　0.45

八柱山 2115△

岩がゴロゴロした道

縞枯山展望台　△2387

2403△

所要7分　ピラタス蓼科スノーリゾート　笹平　0.40　笹平　展望デッキ

ピラタスの丘

北八ヶ岳ロープウェイ　ひょうたん坂

縞枯山 ❽　岩がゴロゴロした急な下り

山麓駅　北八ヶ岳ロープウェイ

収容台数多い　蓼科高原美術館

五辻 ❸　あずまや　茶臼山 ❾　0.35　2384

展望よい　0.50

佐久穂町

茶臼山展望台　オトギリ平　中小場 2232

テント場あり。麦草峠から約40分

長野県 茅野市　出逢ノ辻　大石峠　白駒池散策は約1時間半の道のり　青苔荘

メルヘン街道　麦草峠 ❶（登山者用）　茶水池　麦草峠

茅野市街　0.35　麦草ヒュッテ（宿泊者用）　白駒池入口　299

あずまや　狭霧苑地 ❷　小海町

諏訪IC 新井　20　152　湖東新井　高井戸IC

中央自動車道　↓渋の湯　高見石小屋　白駒荘　白駒池

1:50,000

500　1000m

1cm=500m　等高線は20mごと

N

練馬IC　藤岡JCT　佐久小諸JCT　八千穂高原IC
関越道　上信越道　中部横断道

標高 **2531 m** | 長野県 | P185-C4

10 蓼科山
（たてしなやま）

マイカーならではのコースで360度のパノラマが広がる頂へ

▲広大な岩原の蓼科山頂上からは北八ヶ岳や南八ヶ岳をはじめ360度の展望が広がる

登山口まで約212km

高井戸IC	
↓172km	**中央道**
諏訪IC	
↓21km	**国道20・152号**
西白樺湖（白樺湖観光センター）	
↓6km	**県道40号**
蓼科牧場交差点	
↓13km	**町道夢の平線・林道唐沢線**

大河原峠

緯度 36°06′44″
経度 138°19′10″

プランニングのヒント

登山口の大河原峠へは中央道諏訪ICか中部横断道佐久南ICからアクセスする。距離は後者の方が10km以上短いが、運転のしやすさは前者だ。高速道路が渋滞して大河原峠着が11時近くになってしまった場合は、双子池の散策はあきらめ、亀甲池分岐から直接、大河原峠に戻ること。

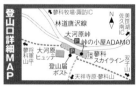

登山口詳細MAP

駐車場情報	林道唐沢線の両側に駐車場が設けられている（約50台）。トイレは駐車場の南東側にある。町道夢の平線・林道唐沢線（蓼科スカイライン）の通行可能期間は例年6〜11月となっている。

山のプロフィール

八ヶ岳連峰の北に連なる、整った円錐形の山容が印象的な二重式火山。溶岩塊が累々と積み重なる広い頂上からは、360度の雄大な展望が満喫できる。山腹を覆うシラビソやコメツガの原生林、苔むす林床も見事だ。登山適期は6月上旬～10月下旬。

●問合せ先＝八ヶ岳観光協会☎0266-73-8550

歩行時間	**6**時間
歩行距離	**9.5**km
累積標高差	登り＝844m 下り＝844m
登山難易度	**中級★★★**
参考地図	蓼科山

日本百名山である蓼科山へは、北面の七合目登山口からの登山者が多い。このコースは最短時間で頂上に立てるのが魅力だが、他のコースとの組み合わせができず、往復登山となってしまう。そこで、七合目登山口から車で15分ほど東に進んだ大河原峠を起点としてみよう。ここはすでに標高が2000mを超えているため、頂上まで標高差500m足らずで登れ、また、神秘的な双子池を組み合わせた周回コースもとれる。無雪期であればいつでも問題なく登れるが、林床にオサバグサが咲く初夏や、山腹がカラマツやナナカマドの黄や赤に彩られる秋が特におすすめだ。

　林道唐沢線の終点である❶**大河原峠**（おおかわらとうげ）からスタートする。峠には大河原ヒュッテが立ち、売店やトイレもある。ヒュッテの横から登山道に入り、まずは将軍平をめざす。樹林帯の単調な

▲（上）起点の大河原峠（標高2093m）
（下）頂上直下の蓼科山頂ヒュッテ

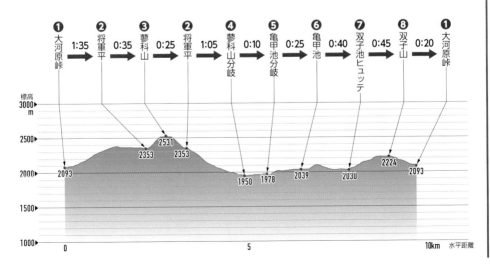

入門　初級　**中級**　上級

コース情報　コース中には大河原ヒュッテ☎090-3558-5225（2024年の営業未定）、蓼科山荘☎090-1553-4500、蓼科山頂ヒュッテ☎090-7258-1855、双子池ヒュッテ☎090-4821-5200の4軒の山小屋がある。

▲将軍平へと続く針葉樹の道

▲双子池周辺にはカラマツの美林が広がる

出る。頂上の中央部には火口跡の窪みがある。展望は抜群だが、あまりに広いので頂上の縁まで近寄らないと、山麓を俯瞰することができない。八ヶ岳連峰や北・南アルプスなどの展望を堪能したら、足元に注意して❷将軍平へ下る。

将軍平からは天祥寺原へと向かう。下り始めると、じきに深い樹林帯へと入っていく。涸れ沢を抜け、傾斜が落ち着いてくると竜源橋からの道と合流する❹蓼科山分岐に出る。これを左折し、滝ノ湯川沿いに進むと❺亀甲池分岐がある。直進すれば起点の大河原峠へは50分ほどで戻れるが、ここは右折する。30分ほどで幽玄な雰囲気が漂う❻亀甲池だ。横岳への道を右に見送り、左の道を双子池へと向かう。

登りがしばらく続くが、林床を見るとさまざまな花が咲いていることに気づく。やがて傾斜がゆるやかになり、平坦な山稜を進むと、右手に前掛山への道を分ける。ゆるやかに下りだすと、ほどなく蓼科山荘が立つ❷将軍平に着く。

行く手に丸い蓼科山の山頂部が盛り上がって見える。ここからは約170mの標高差を急登して、岩塊に覆われ広々とした❸蓼科山頂上に

樹林帯の道をゆるやかに登っていく。このあたりは林床を覆うオブジェのような苔が美しい。下り道に変われば、ほどなく双子池の雌池畔に出る。池の北岸に沿って進めば、❼双子池ヒュッテに着く。ヒュッテの南側には神秘的な蒼い湖水をたたえる雄池が印象的だ。

双子池をあとに双子山へ向かう。標高差200mほどの最後の頑張りどころだ。樹林帯の尾根道を一歩一歩着実に登っていくと、しだいに視界が開け、草原状の❽双子山の頂上に着く。登ってきた蓼科山が大きく望める。

展望を楽しんだら、❶大河原峠へと下るのみ。足元に注意して下山しよう。

▼蒼く澄んだ水をたたえる双子池・雌池

▲（上）累々と岩石が積み重なった蓼科山の頂上
　（下）南側の天祥寺原から望む蓼科山

ETC割引の現状

　夜間帯や休日などに適用され、マイカー登山者にメリット大のETC割引だが、2023年現在は割引が縮小傾向にある。深夜割引（0〜4時）は以前の50%から30%へ。平日昼間割引は最大30%の割引が最大で50%に引き上げられたが、以前は高速の利用ごとに割引の適用が受けられたのに対し、現在はひと月に最低5回は利用しないと適用されない。土・日曜、祝日に適用される休日割引は以前は都市部でも適用されたが、現在は地方部のみの適用となっている。また、早朝夜間割引や平日昼間割引など、制度そのものが廃止になったものもある。ETCのホームページで割引制度をよく知って、ムダのないドライブライフを送りたい。

▲富津館山道路鋸南保田IC。地方部なので休日割引が適用される

■主なETC割引（2023年11月現在）

1.深夜割引※ ※曜日・車種を問わず	30%割引／0〜4時
2.平日朝夕割引 ※地方部限定で、ETCマイレージサービスの登録が必要。祝日は除く	1か月の利用回数により30（5〜9回）〜50%（10回以上）割引／6〜9時・17〜20時（1回の走行100km以内）
3.休日割引 ※地方部のみ。土・日曜、祝日に軽・普通車限定	30%割引／0〜24時

※深夜割引は2024年内に料金体系を見直す予定

10 蓼科山

11 塩見岳
しおみだけ

1泊2日 | 標高 3052 m（東峰）| 長野県・静岡県 | P185-D4

岩場、ガレ場を慎重に越え、大パノラマの頂へ

▲塩見小屋からの塩見岳は鋭い姿を見せている（右は天狗岩）

登山口まで272km

高井戸IC	
↓236km	中央道

松川IC	
↓36km	県道59・22号、国道152号、鳥倉林道ほか

**鳥倉林道・越路ゲート
登山口駐車場**

緯度 35°33′36″
経度 138°06′09″

 プランニングのヒント

マイカー利用の場合は1泊2日、バス利用の場合は2泊3日で歩く人が多い。1泊2日の行程だと2日連続で7時間以上歩かなければならないため、体力に不安がある場合や天気しだいで2泊3日行程も検討しよう。三伏峠小屋から1日で往復する場合、必要ない荷物は預け（有料）、身軽に動きたい。

駐車場情報 | 鳥倉林道・越路ゲート前の駐車場（約30台、無料）を利用。満車の時は1.2km下にある第2駐車場を利用する（越路ゲートへ徒歩15分）。ゲート前駐車場〜鳥倉登山口間は登り約50分、下りは約40分。

山のプロフィール

南アルプスのほぼ中央にそびえ、ドーム型スタイルをした独特の山容は遠くからもすぐにそれとわかる。塩見小屋までは傾斜もそれほどきつくないが、小屋〜頂上間は様相が一変して岩場が連続する上級エリアとなる。登山適期は7月上旬〜9月下旬。

●問合せ先＝大鹿村産業建設課☎0265-48-8025

歩 行 時 間	1日目＝7時間20分 2日目＝8時間30分
歩 行 距 離	23.6km
累積標高差	登り＝2594m 下り＝2594m
登山難易度	上級★★★★★
参 考 地 図	信濃大河原／ 塩見岳

1日目 ❶鳥倉林道・越路ゲートから林道を50分ほど歩く。❷鳥倉登山口で登山届に記入したら登山開始だ。まずは林床が一面シダに覆われたカラマツ林のなかを急登していく。歩きだしてしばらくで、三伏峠まで1/10の案内板がある。三伏峠までのコースタイムは3時間だから、1区間18分ほどで通過していくと、ほぼオンタイムといった計算になる。

やがてカラマツ林からシラビソ林に変わり、3/10を過ぎると、もうひと登りで豊口山との鞍部の尾根に出る。三伏峠まで2km・2時間の案内がある。ここから尾根の北面を巻くように登っていく。4/10を過ぎると、各所に桟道や桟橋がかかっている。丸太でつくられていて、濡れているとすべるので注意したい。丸太には必ず土踏まずを乗せるようにしよう。

登山口から1時間30分ほどで、中間の5/10に到着する。さらに、6/10を過ぎるとコース中唯一の水場がある。水量は少ないが、冷たくおいしい。さらに桟道をいくつか越えながら登っていくと、8/10を経て、現在は通行できない塩川小屋からの道が合流する。ここからやや傾斜を上げて登っていけば、9/10を経て三伏峠小屋の立つ❸三伏峠に到着する。

三伏峠小屋に泊まる場合は翌朝、余分な荷物

▲塩見岳頂上直下の岩場帯を行く

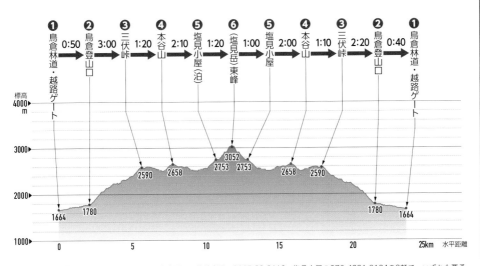

コース断面図

❶鳥倉林道・越路ゲート → 0:50 → ❷鳥倉登山口 → 3:00 → ❸三伏峠 → 1:20 → ❹本谷山 → 2:10 → ❺塩見小屋(泊) → 1:20 → ❻(塩見岳)東峰 → 1:00 → ❺塩見小屋 → 2:00 → ❹本谷山 → 1:10 → ❸三伏峠 → 2:20 → ❷鳥倉登山口 → 0:40 → ❶鳥倉林道・越路ゲート

標高 4000m / 3000 / 2000 / 1000

1664 / 1780 / 2590 / 2658 / 2753 / 3052 / 2753 / 2658 / 2590 / 1780 / 1664

0　5　10　15　20　25km　水平距離

コース情報 コース上の山小屋は三伏峠小屋☎0265-39-3110、塩見小屋☎070-4231-3164の2軒で、いずれも要予約。テントを張れるのは三伏峠小屋だけで、塩見小屋は幕営禁止となっている。

▲塩見岳から見た間ノ岳（左）、農鳥岳。間ノ岳の左に頭をのぞかせるのは北岳　　▲岩場とガレ場が続く塩見岳頂上部

は小屋で有料で預かってくれるので、身軽にして出発しよう。その際、塩見岳往復後は遅くとも14時までには三伏峠小屋に戻る予定で歩きだしたい。

　荒川岳・小河内岳方面への縦走路を右に分け、ゆるやかに下る。樹林帯を抜けてハイマツ帯へと入っていけば、じきに三伏山に到着する。360度の展望が広がり、これからめざす塩見岳が遠くに望める。紅葉の季節は錦繍に染まる山腹がなんとも美しい。

　展望を満喫したら、本谷山との鞍部に下って登り返す。お花畑を抜けて樹林帯を行けば❹本谷山（ほんだにやま）だ。頂上は一部が樹林に囲まれており、展望はいまひとつ。

　ひと息入れたら、東へと樹林帯のなかを下っていく。北へと進路を変えていくと、途中、立ち枯れの間から塩見岳が再び大きく見えてくる。傾斜がゆるんでくると、権右衛門山南斜面

のシラビソ林を巻くように進む。

　権右衛門沢の源頭を通過すると、ジグザグに折り返しながらの急登となる。尾根上に出たところが塩見新道分岐だ。ここから仙丈ヶ岳や甲斐駒ヶ岳の展望が広がる尾根道をたどり、ひと登りすれば❺塩見小屋（しおみごや）に到着する。小屋から見る塩見岳は、これまでの姿と異なり、切り立った鋭鋒が印象的だ。

2日目▶塩見小屋裏手の尾根道を進む。ハイマツのなかを進み、天狗岩の右手を巻いて一度下ると、いよいよ核心部の登りとなる。この先、岩礫と岩場の急な登りとなるので、ストックはザックにしまい慎重に進みたい。

　ペンキマークに導かれながら、ところどころ大きな段差がある岩場を登っていく。クサリや鉄バシゴなどはないので、三点確保で確実に登っていこう。岩場の行動注意地帯を通過し、ザレ場の登りとなれば、じきに塩見岳の西峰に到

▲鳥倉林道・越路ゲートの駐車場

▲三伏峠小屋は主に7～9月の営業

▲本谷山頂上からの塩見岳。まだまだ遠い

着する。これまで姿を見せていなかった富士山が正面にひときわ大きく望める。深い谷をはさんで対峙する仙丈ヶ岳から甲斐駒ヶ岳、北岳、間ノ岳の眺めもすばらしい。塩見岳最高点となる**⑥東峰**（とうほう）へは稜線をたどり数分だ。

下山は往路を戻るが、岩場やガレ場では転落や落石に十分な注意を払うこと。**⑤塩見小屋**（しおみごや）から先は危険箇所こそ少ないが、下りとはいえ、**③三伏峠**（さんぷくとうげ）までは**④本谷山**（ほんだにやま）と三伏山の登り返しがあり、思いのほか時間がかかる。暗くなる前に**②鳥倉登山口**（とりくらとざんぐち）に降り立てるよう、時間配分に気をつけて下りたい。

▲塩見岳西峰から見た東峰と富士山

夜間走行の注意点

夜間走行は渋滞も少なく距離が稼げるが、高速道では事故の多くが夜間帯に発生しているのもまた事実。単調な道路の長時間走行が続くと、目は開いているのに脳は眠っているような状態で覚低走行に陥りやすい。こうなると速度感覚や車間距離もつかみにくくなって危険だ。ぼーっとしてきたらすぐにパーキングに入り、体操や仮眠でリフレッシュしよう。寝不足状態での運転は厳禁だし、登山にも影響する。

▲車間距離は十分に保ちたい

岩場や桟橋の安全な歩き方

塩見岳の山頂部はガレや岩場が連続する。頂上直下のガレ場では落石に注意しながら、ペンキ印を見落とさないようにすること。ルートミスは滑落や落石の危険性が大きく増す。岩場ではストックをザックに取り付け、しっかりした三点確保を行うためにも両手をフリーにしよう。なお、登山口から三伏峠までの桟橋や木段は濡れているとすべりやすい。山頂部の岩場と同様、慎重に行動したい。

▲濡れた桟道は下りはとくに注意

11 塩見岳

1:55,000

白 (常念岳) 2泊3日　標高 **2677 m**（蝶ヶ岳）・**2857 m**（常念岳）　長野県　P184-B2

12 蝶ヶ岳・常念岳

安曇野のシンボル、日本百名山の名峰への2泊3日の山旅

▲蝶ヶ岳頂上付近からめざす常念岳がどっしりと構えた姿を見せる（左は大天井岳方面）

登山口まで約234km

高井戸IC	
↓215km	中央道・長野道
安曇野IC	
↓8km	県道310・495号ほか
北海渡交差点	
↓11km	県道25・495号、烏川林道
三股駐車場	

緯度 36°18′14″
経度 137°45′54″

プランニングのヒント

登山口に最寄りのICは長野道の安曇野ICとしたが、ICの出口が渋滞している場合はひとつ手前の梓川スマートIC（ETC装着車のみ利用可）で降りてもよい。登山は2山に登る2泊3日のプランだが、1泊2日の場合、蝶ヶ岳は三股登山口から、常念岳は一ノ沢登山口（P49コラム）からそれぞれ往復する。

登山口詳細MAP

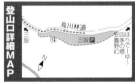

駐車場情報　三股登山口約800m手前の三股駐車場（約80台）を利用する。満車時は約700m手前の第2駐車場（約100台）へ。アクセス路の烏川林道の状況は安曇野市役所ホームページを参照のこと。

山のプロフィール

長野県有数の観光スポット・安曇野の西に連なるのが、北アルプス南東部の常念山脈だ。蝶ヶ岳は東麓の安曇野から眺めると、常念岳の左になだらかな姿を見せる。その常念岳は山脈の主峰で、三角錐の整った山容をなしている。登山適期は6〜10月。

●問合せ先＝安曇野市観光課☎0263-71-2053

歩行時間	1日目＝5時間35分 2日目＝6時間 3日目＝6時間45分
歩行距離	19.2km
累積標高差	登り＝2552m 下り＝2552m
登山難易度	中級★★★★
参考地図	信濃小倉／穂高岳

北アルプスは険しい岩場を有する山が多いが、蝶ヶ岳、常念岳ともにクサリやハシゴなどの難所がほとんどないことから、初めて北アルプスを縦走するビギナーにおすすめだ。ただし標高が2500mを超える山だけに、盛夏でも天候が崩れると低体温症に直結する。登山の際は準備を怠らないこと。ここでは、三股を起点に2山を周回する2泊3日のプランを紹介する。

1日目 ❶**三股駐車場**から烏川林道を15分ほど歩き、登山口の❷**三股**へ。登山相談所やトイ

▲三股登山口の登山相談所

レがあり、身支度をして出発する。右に前常念岳への道を分け、本沢の吊橋を渡る。登り始めから20分ほどで力水に出る。この先はきつい登りで汗を絞ら

▲標高1540m地点のゴジラのような木

れるので、給水はマストだ。

右へ斜上するように登るとやがて尾根に出て、左へ進路を変える。急斜面に切られたジグザグ道を、標高差にして200mほど登っていく。

傾斜がゆるむとベンチがある❸**まめうち平**で、ここからはしばらくなだらかな道が続くが、標高2000mあたりでまた急な登りになり、ここまでの登りで消耗した体にはこたえる。木段の急登をこなし、標高2500m地点のベンチを過ぎると森林限界を超え、稜線の直下で大滝山分岐に出る。稜線に上がって右に進むと蝶ヶ岳ヒュッテのテント場があり、左手に回りこめば広い❹**蝶ヶ岳**の頂上（通称「長塀ノ頭」）に立つ。

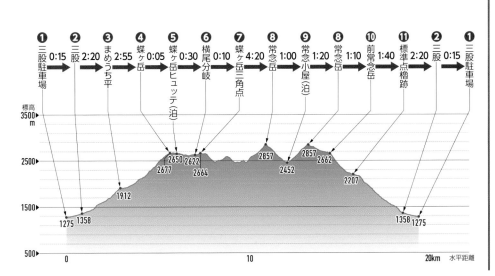

❶三股駐車場 0:15 ❷三股 2:20 ❸まめうち平 2:55 ❹蝶ヶ岳 0:05 ❺蝶ヶ岳ヒュッテ(泊) 0:30 ❻横尾分岐 0:10 ❼蝶ヶ岳三角点 4:20 ❽常念岳 1:00 ❾常念小屋(泊) 1:20 ❽常念岳 1:10 ❿前常念岳 1:40 ⓫標準点櫓跡 2:20 ❷三股 0:15 ❶三股駐車場

標高
3500m
2857　2857
2650 2622　2664　2662
2677　2452　2207
1912
1275　1358　1358 1275

500
0　　　10　　　20km　水平距離

▲蝶ヶ岳の特徴である二重山稜の道を行く

▲森林限界上の縦走路を
常念岳めざして進む

▲蝶ヶ岳頂上直下の蝶ヶ岳ヒュッテ（背景は槍ヶ岳）

▲常念岳頂上からの穂高連峰（中央が奥穂高岳）

槍・穂高連峰のすばらしい眺めを楽しんだら
テント場まで戻り、左に進んだすぐ先が宿泊す
る❺蝶ヶ岳ヒュッテだ。

2日目▶ヒュッテをあとに、常念岳をめざして
出発。左に槍・穂高を見ながら、二重山稜の梓
川側（西側）の稜線を北上する。❻横尾分岐を
過ぎると、縦走路の右はずれに❼蝶ヶ岳三角点
がある。その先の蝶槍は西側を巻く。ここから
大きく下っていくと、お花畑のある鞍部に出る。

鞍部からはアップダウンをくり返して進み、
2512mピークを下って最低鞍部へ。ここから
は、常念岳頂上への標高差約400mの急登にか
かる。岩礫の道につけられたペンキ印に従い、
標高を上げていく。浮き石などで足元が不安定
なだけに、歩幅を小さくするのがコツだ。

ようやく急斜面を登り切ると、方位盤や祠が

設置された❽常念岳にたどり着く。岩塊が積み
重なった頂上から、梓川の向こうに迫力ある姿
を見せる槍・穂高連峰をはじめ360度の大パノ
ラマを満喫しよう。

2日目の目的地である常念小屋へは、頂上北
側の急斜面を下る。常念岳の肩からは、大岩が
積み重なったガレ場の大斜面を、ジグザグに下
っていく。斜度がゆるみ、石くずの登山道を進
むと❾常念小屋に着く。

3日目▶最終日は、体力に余裕があれば早朝
に小屋を出発し、再度❽常念岳に登頂して槍・
穂高連峰に常念岳頂上の二等辺三角形の影が投
影された「影常念」を見ていきたい。

頂上直下の肩まで引き返し、右の前常念岳方

48 | コース情報　コース中には蝶ヶ岳ヒュッテ☎090-1056-3455、常念小屋☎090-1430-3328の2軒の山小屋がある。
ともに4月下旬〜11月上旬の営業で、宿泊の際は要予約。両小屋ともにテント場もある。

面への尾根道に入る。岩礫の道を下ると、一等三角点と避難小屋がある⑩前常念岳。ここで進路を東から南に変え、三股までの標高差約1300mもの急坂をひたすら下っていく。

標高2350m付近で花崗岩の岩がゴロゴロした道から樹林に入り、さらに下ると⑪標準点櫓跡だが、コンクリート片のみなので気づかずに通過してしまうかもしれない。

標準点櫓跡からも樹林内のジグザグの急下降で、下り切るとようやく❷三股にたどり着く。あとは往路を❶三股駐車場へと向かう。

サブコース

常念岳のみ登る場合は本項で紹介している三股登山口～前常念岳経由より、一ノ沢登山口から往復する1泊2日のプランのほうが一般的だ。安曇野ICから約15kmの一ノ沢登山者用駐車場が起点。初日はここから一ノ沢沿いの登山道を、宿泊地の常念小屋まで登る。途中すべりやすい丸太橋渡りや高巻きの通過などがあるが、慎重に行動すれば問題ない。翌日は早朝に常念岳へ登頂し、往路を引き返す（1日目＝5時間10分、2日目＝6時間10分）。

▲一ノ沢登山口のすぐ先にある山の神

12 蝶ヶ岳・常念岳

1:50,000
1cm＝500m
等高線は20mごと

0 500 1000m

富士八湖の四尾連湖から絶景が待つ頂上をめざす

標高 1279 m 山梨県 P186-A1

ひる が たけ
蛾ヶ岳

中央道／日帰り		
歩 行 時 間	3時間55分	登山難易度	初級 ★★
歩 行 距 離	8km	累積標高差	登り539m・下り555m
		参 考 地 図	市川大門

登山口まで126km

高井戸IC 中央道 → 106km → 甲府南IC → 20km 国道140号、県道409号ほか → 四尾連湖

| 緯度 | 35°31′47″ |
| 経度 | 138°31′15″ |

山のプロフィール

御坂山塊西端の山。ヤマビルに襲われそうな山名だが登山道は整備されており、初心者でも安心して登山ができる。頂上からは富士山や白峰三山、八ヶ岳などの眺望がすばらしい。登山適期は4～11月。

駐車場情報
登山口の四尾連（しびれ）湖東畔に水明荘第2駐車場（有料、トイレあり）などがある。

▲山梨百名山と記された山名標柱が立つ蛾ヶ岳頂上からの富士山

プランニングのヒント

ブナ、ミズナラなどの新緑がきれいな5月中旬～6月下旬、黄葉ならば11月中旬～下旬ごろの山行がおすすめ。起点の四尾連湖畔はキャンプ場（水明荘と龍雲荘）があり、登山とテント泊の両方が楽しめる。

コース概要

水明荘第2駐車場奥の標識に従い登山道に入り、ゆるやかな登りで蛾ヶ岳と大畠山との分岐へ。右の蛾ヶ岳方面に折れて西肩峠へと進む。ブナやミズナラの森林浴が気持ちよい。西肩峠から急坂を登れば蛾ヶ岳はすぐ。頂上からは、山梨を代表する秀峰の眺めを楽しめる。下山は往路の分岐を直進し大畠山方面へ。大畠山からの甲府盆地の街並みの眺めも見事。四尾連峠から四尾連湖へと進めば登山口が見えてくる。時間があれば四尾連湖の散策もプラスしたい。

●問合せ先
市川三郷町商工観光課 ☎055-272-1101

険しい岩稜をたどり八ヶ岳連峰最高峰の頂へ

標高 2899 m 長野県・山梨県 P185-C4

あか だけ
赤岳

中央道／前夜泊		
歩 行 時 間	7時間20分	登山難易度	上級 ★★★★
歩 行 距 離	16.5km	累積標高差	登り1498m・下り1498m
		参 考 地 図	八ヶ岳西部

登山口まで174km

高井戸IC 中央道 → 161km → 諏訪南IC → 13km 県道425・484号ほか → 美濃戸

| 緯度 | 35°58′56″ |
| 経度 | 138°19′29″ |

山のプロフィール

八ヶ岳連峰の主峰で、山名の通り山全体が赤っぽい。森林限界から頂上までは岩稜やザレが連続。登山適期は7月上旬～10月上旬。

駐車場情報
美濃戸口と約3km先の美濃戸にそれぞれ2カ所、有料駐車場がある。トイレあり。美濃戸口～美濃戸間の林道は未舗装の凸凹道で幅も狭いので走行注意。

▲西側山麓から見た赤岳（左）と阿弥陀岳（右）

プランニングのヒント

マイカーならバス終点の美濃戸口より3km先の美濃戸まで入れるのは大きなメリット。前夜泊の場合、美濃戸口に有料の仮眠・入浴施設がある。コース中にある山小屋（3軒）に1泊すれば、体力的にかなり楽。

コース概要

美濃戸から南沢を行者小屋へ。小屋の裏手から地蔵尾根方面へと進む。上部はクサリ場や長いハシゴが現れる。落石やすれ違いには十分な注意を。やがて稜線上の地蔵ノ頭で、赤岳天望荘から急斜面を登れば、赤岳頂上山荘の立つ赤岳頂上。下山は南へと急な岩稜を下り、文三郎道に入る。行者小屋に下ったらあとは往路を美濃戸へ。

●問合せ先
茅野市観光課
☎0266-72-2101
八ヶ岳観光協会
☎0266-73-8550

大菩薩嶺の北にある「山梨百名山」の一峰　標高 1716m（黒川山）山梨県　P182-D1

黒川鶏冠山
（くろかわけいかんざん）

中央道／日帰り		
歩行時間	4時間40分	
歩行距離	10.5km	

登山難易度	初級★★
累積標高差	登り464m・下り464m
参考地図	柳沢峠

登山口まで116km　高井戸IC →90km 中央道→ 勝沼IC →26km 国道20号、県道34号、国道411号ほか→ 柳沢峠

緯度　35°46′34″
経度　138°48′08″

🏔 山のプロフィール

最高点の黒川山と祠のある鶏冠山の2つのピークからなり、頂上からは大菩薩嶺や奥秩父主脈の山々を一望。登山適期は4～11月。

駐車場情報
国道411号上の柳沢峠に塩山市営の無料駐車場（約20台、トイレあり）がある。峠の茶店は10～16時の営業（火曜休）。

▲鶏冠山から望む北面の奥秩父縦走路の山並み

🚗 プランニングのヒント

より短時間で登るなら、北面の国道411号上の落合から登るコースがある。往復で1時間ほど短縮できるが、駐車スペースが少ない。また、時間があればコース中の六本木峠から丸川峠を経て大菩薩嶺の往復をプラスするプランもあるが、この場合は丸川峠の山小屋で1泊したい。

コース概要

柳沢峠から傾斜の少ない道を六本木峠、さらに横手山峠へと向かう。横手山峠から黒川山の南面の山腹の道をたどって鞍部まで進み、左に進むと展望台がある黒川山の頂上だ。展望を楽しんだら鞍部に戻り、もう一つのピーク・鶏冠山へ足を延ばす。ここからは往路を引き返すか、時間が30分以上余計にかかるが、黒川山北面の原生林の道をたどって往路の横手山峠に戻る。

●問合せ先
甲州市観光協会 ☎0553-32-2111

山頂駅から歩くアルペンムードあふれるコース　🏯 標高 2578m 群馬県・栃木県　P178-D3

日光白根山
（にっこうしらねさん）

関越道／日帰り		
歩行時間	4時間40分	
歩行距離	6.3km	

登山難易度	中級★★★
累積標高差	登り658m・下り658m
参考地図	丸沼

登山口まで168km　練馬IC →126km 関越道→ 沼田IC →42km 国道120号→ 山麓駅

緯度　36°48′51″
経度　139°19′47″

🏔 山のプロフィール

関東以北の最高峰。上部は森林限界を超え、関東では数少ないアルペン的な風貌を見せる。登山適期は6月中旬～11月上旬。

駐車場情報
丸沼高原スキー場の無料駐車場（500台以上）を利用。トイレや売店、立ち寄り湯、宿泊施設などあり。

▲ロープウェイ山頂駅から見た日光白根山

🚗 プランニングのヒント

標高が2500m以上あるため、高山病にかかる人も少なくない。ロープウェイで手軽に登れるだけに、水を多めに飲むようにするなど、登山中の体調管理を心がけたい山だ。

コース概要

山頂駅から樹林の道を歩き、血ノ池地獄分岐を通過すれば七色平南分岐。道は傾斜を強め、低木の草原帯となる。このあたりが森林限界で、展望がぐんと開ける。急坂を登って尾根をたどれば社の立つ南峰。いったん下って急傾斜の岩場を登り返せば日光白根山だ。頂上からは往路を戻るか、6月にシラネアオイが咲く北面の弥陀ヶ池を経て周回するコースがとれるが、弥陀ヶ池コースは頂上からの下りに注意が必要。

●問合せ先
片品村むらづくり観光課
☎0278-58-2112
丸沼高原総合案内 ☎0278-58-2211

🏔 1泊2日　　　　標高 **2017 m**　｜　埼玉県・東京都・山梨県　｜　**P182-C1**

13 雲取山
（くもとりやま）

三峰山から原生林を抜け人気の山小屋で1泊、さらに大展望の頂へ

▲山頂標柱が立つ雲取山の頂上より、冠雪の富士山を展望

登山口まで約108km

練馬IC	
↓30km	関越道・圏央道
圏央鶴ヶ島IC	
↓42km	国道407号、県道15号、国道299号
上野町交差点	
↓36km	国道140号、県道278号
三峰第2駐車場（三峯神社）	

緯度 35°55′19″
経度 138°55′59″

🚗 **プランニングのヒント**

頂上へは南面の奥多摩町側からがメインだが、登山者が多く駐車場も混雑する。確実に車を停められてかつ静かな山歩きがしたい人は、この三峯側からのコースがおすすめだ。早朝から歩けば日帰りも可能だが、アップダウンの多いコースゆえ思いのほか時間がかかることも。やはり雲取山荘に宿泊したい。

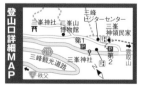

登山口詳細MAP

駐車場情報　三峯神社に秩父市営の三峰駐車場（有料）がある。第1と第2駐車場があるが、登山者は奥にある第2駐車場（42台）を利用すること。

山のプロフィール

雲取山は東京・埼玉・山梨の都県境にそびえる名峰。三峰山ロープウェイが廃止されて以来、秩父側からの登山者は減り静かな山歩きが楽しめる。南側の石尾根とは対照的にうっそうとした原生林が山深さを際立たせている。登山適期は4月上旬〜12月上旬。

●問合せ先＝秩父観光協会☎0494-21-2277

歩 行 時 間	1日目＝4時間55分 2日目＝5時間
歩 行 距 離	**20**km
累積標高差	登り＝2035m 下り＝2035m
登山難易度	**中級★★★**
参 考 地 図	三峰／雲取山

奥多摩と奥秩父を分ける頂にして日本百名山に数えられる、関東山地の名山。山上にはいくつもの登山道が延びるが、ここでは埼玉県の三峰側からの往復コースで歩いてみたい。

1日目 ▶登山者用の**❶三峰第2駐車場**の一角にある「雲取山・三峯神社方面」の立て看板に従い一段上の道へ。三峰ビジターセンター手前の右手に、妙法ヶ岳・雲取山への入口がある。三峯山博物館の一施設である三峯神領民家の脇を通り、三峰千年の森に入る。5分ほどで石鳥居が現れ、妙法ヶ岳・雲取山の登山口となる。

▲霧藻ヶ峰より北西面の両神山を望む

▲霧藻ヶ峰休憩舎

しばらくは杉に囲まれた薄暗い植林帯を登っていく。途中、奥宮（妙法ヶ岳）への道を左に分けて登る。か

つての炭焼場跡がある炭焼平を過ぎると、登りが徐々に急になり、やがて地蔵峠に到着する。左に大陽寺への道を分けわずかに登れば、三等三角点がある**❷霧藻ヶ峰**に到着する（山頂標はない）。西から北側の展望が開け、和名倉山（白石山）から両神山、二子山が印象的だ。アセビが多い尾根をたどるとトイレがある。さらに秩父宮両殿下の御尊影レリーフが現れる。こ

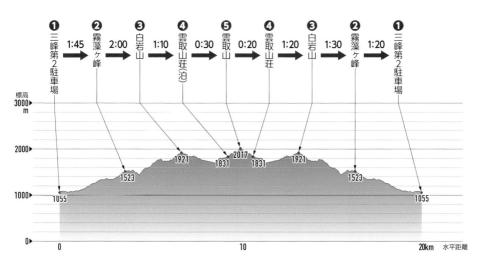

| ❶
三峰第2駐車場 | 1:45 | ❷
霧藻ヶ峰 | 2:00 | ❸
白岩山 | 1:10 | ❹
雲取山荘泊 | 0:30 | ❺
雲取山 | 0:20 | ❹
雲取山荘 | 1:20 | ❸
白岩山 | 1:30 | ❷
霧藻ヶ峰 | 1:20 | ❶
三峰第2駐車場 |

標高 3000m / 2000 / 1000 / 0

1055　1523　1921　1831　2017　1831　1921　1523　1055

0　　　10　　　20km　水平距離

コース情報 駐車場近くの三峰ビジターセンターでは雲取山登山における危険箇所を示した安全登山マップを掲示しているので、登山前に立ち寄りたい。入館無料、9〜17時（冬期〜16時）、無休。☎0494-23-1511

▲白岩山頂上。雲取山、妙法ヶ岳とともに三峰山に数えられる

▲雲取山頂上南直下の避難小屋と石尾根方面

の先が霧藻ヶ峰休憩舎で、ベンチや霧藻ヶ峰の山頂標があり、休憩にはちょうどよい。

霧藻ヶ峰から樹林のなかを下ると鞍部のお清平（きよだいら）だ。ここから急な登りが始まる。途中、ちょっとしたクサリ場や木製の階段道を通過し登れば、本コースのほぼ中間の前白岩の肩に出る。ここから20分ほどで前白岩山に到着し、ひと息入れたらさらに尾根沿いを進む。廃墟となった白岩小屋を経て再び急登すれば、コメツガやシラビソなどの針葉樹に囲まれたなかに❸白岩山（しらいわやま）の頂上がある。頂上東側にはダケカンバが多く見られるが、伊勢湾台風で倒れた木々のあとにいち早く成長した二次林だそうだ。

白岩山から下っていくと芋ノ木ドッケの分岐となる。西面を横切り、再び道を合わせて進めば鞍部の大ダワに到着。ここまで来れば宿泊地の雲取山荘へはもうひと頑張り。雲取ヒュッテ（閉鎖）を経て登る男坂と、左からゆるやかに登る女坂がある。どちらを進んでもさほど時間の差はない。うっそうとした奥秩父らしい、苔むした森を進めば❹雲取山荘（くもとりさんそう）に到着する。

2日目▶❹雲取山荘（くもとりさんそう）から雲取山頂へはコメツガやトウヒ、シラビソなどの針葉樹の森を登っ

▲雲取山頂上に設置される展望盤

ていく。途中、右へ少し入ったところに富田新道を開き「鎌仙人」とよばれた富田治三郎氏のレリーフがあ

る。再び山道に戻り登っていくと、突然、樹林を抜け出し❺雲取山（くもとりやま）頂上に到着する。頂上からは富士山や南アルプス、奥多摩、奥秩父などを一望できる。すぐ下には避難小屋やトイレもある。

展望を満喫したら下山は往路を戻る。下山とはいうものの、アップダウンが多いため、コースタイムは往路とさほど変わらない。余裕をもって行動したい。

雲取山荘

雲取山は、健脚者なら早朝から歩きだせば日帰りできる。しかし、山上の人気の山小屋、雲取山荘での1泊は日帰り山行にはない魅力がいっぱい。満天の星空に御来光、朝の大展望も見事。丸太づくりの山荘もきれいでいたって快適。9月下旬からGWごろまでは各部屋に豆炭コタツが入り、冬でも暖か< 過ごせる。
☎0494-23-3338
通年営業、収容88人。
要予約。テント泊可。

▲東京都心の夜景も楽しめる

走行前のチェックポイント

最近の車はパンクのような外的な要因以外はほぼノートラブルだが、毎週のように登山に行っている人はそのぶん走行距離が延びるので、法定点検以外にも自分でできる日常点検はしっかりやっておこう。また、6・12か月点検以外にも遠出や季節に合わせた点検を行う自動車会社もあるので、積極的に活用したい。意外とやってしまうのがウインドウォッシャー液の補充忘れ。悪路では泥はねで窓が汚れがちなだけに、出発前に残量のチェックをしておきたい。

▲ファンベルトの張り具合も確認したい

コース情報 下山後の温泉は、国道140号沿いの道の駅大滝温泉に遊湯館がある。750円（土・日曜、祝日と特定日850円）、10〜20時（冬期は19時まで）、木曜休（祝日の場合は営業）。☎0494-55-0126

13 雲取山

N

1:50,000

0　　　500　　　1000m
1cm＝500m
等高線は20mごと

299　140　秩父湖
上野町

圏央道　関越自動車道

15

407

興雲閣
三峯神社
三峯山博物館
三峰第2駐車場　①　三峰ビジターセンター
雲取山の登山情報を提供
三峯神領民家
1:45　　妙法ヶ岳　三峯神社奥宮
1:20　　1329
妙法ヶ岳分岐
1350
二又ヒノキ

埼玉県
秩父市

•1072

大血川

表参道

三峰観光道路

•1085

尻無ノ頭
△1507

雲取林道

三峰雲取自然研究路
炭焼平

地蔵峠

772•

霧藻ヶ峰　②
和名倉山や両神山を眺望
1523
1547
秩父宮レリーフ

猿鼻ノ尾根

699

•1343

霧藻ヶ峰休憩舎
お清平（お経平）

仁田小屋ノ頭
△1555

石灰岩が露頭した
急坂が続く

•853

1580
見返り地蔵

2:00
1:30

前白岩の肩
トウゴクミツバツツジ
サラサドウダン

前白岩山
1776

•1124

白岩小屋跡
ダケカンバ林の急坂

数張
往復20分

白岩山　③
1921

•1363

針葉樹主体の
原生林

芋ノ木ドッケ
（芋木ノドッケ）
1946

長沢背稜
桂谷ノ頭　1708

1818

長沢背稜分岐

二軒小屋尾根

長期通行止め

•1594

大ダワ
雲取ヒュッテ跡
雲取山荘　④
田部重治レリーフ
富田治三郎レリーフ

1:10
1:20

男坂
女坂

バラ尾根

シモツケソウ
マルバダケブキ
ヤナギラン

0:30
0:20

雲取山　⑤

富士山をはじめ
奥秩父や奥多摩の
山並みを展望

2017

東京都
奥多摩町

小雲取出合尾根

三ッ山
1949△

狼平

三条ダルミ

避難雲取小山屋

小雲取山
1937

野陣ノ頭

石尾根

野陣尾根

1845

1415

1826

山梨県
丹波山村

三条ノ湯・お祭↓

七ツ石山・鴨沢

富田新道

椹ノ平

中尾根

飛龍山

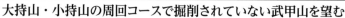

標高 **1304 m** ｜ 埼玉県 ｜ P182-C2

14 武甲山
ぶこうさん

大持山・小持山の周回コースで掘削されていない武甲山を望む

▲小持山の頂上より武甲山を望む。南面からは石灰岩の採掘が見えず、整った山容をしている

登山口まで約75km

練馬IC

↓30km **関越道・圏央道**

圏央鶴ヶ島IC

↓40km **国道407号、県道15号、国道299号**

生川入口交差点

↓5km **町道**

一の鳥居駐車場

緯度 35°56′30″
経度 139°06′57″

プランニングのヒント

武甲山頂上から小持山、大持山、妻坂峠を経て一の鳥居駐車場に戻る周回コースは3時間30分前後かかるロングコースのうえ、登り返しが多く傾斜もきつい。武甲山の頂上までで疲れを感じるようなら、そのまま往路を戻ったほうがいいだろう。特に妻坂峠から大持山を経て武甲山に向かう逆コースは、体力に自信がある人以外は敬遠すべきだ。

登山口詳細MAP

駐車場情報

一の鳥居を抜けた先に約30台の駐車場がある。トイレ・案内板はある。横瀬からの一の鳥居への道はセメント採掘のダンプが多いので注意。一部道が細く荒れた路面の箇所もあるが、普通車でも一の鳥居まで入れる。

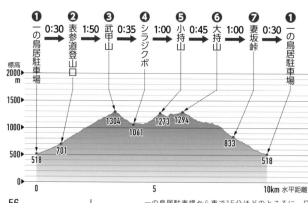

❶一の鳥居駐車場 0:30 ❷表参道登山口 1:50 ❸武甲山 0:35 ❹シラジクボ 1:00 ❺小持山 0:45 ❻大持山 1:00 ❼妻坂峠 0:30 ❶一の鳥居駐車場

標高2000m / 1500 / 1000 / 500 / 0

518 701 1304 1061 1273 1294 833 518

0　5　10km 水平距離

コース情報 一の鳥居駐車場から車で15分ほどのところに、日帰り入浴施設の秩父湯元武甲温泉がある。露天風呂や内風呂、サウナを完備。700円（土・日曜、祝日900円）、10〜21時、無休。☎0494-25-5151

山のプロフィール

石灰岩採掘のため、秩父盆地側から見る姿に、かつての緑豊かな面影はない。しかし、山道を歩いてみると、想像以上に緑があふれている。山上ではときおり、発破の音が響き渡るが、北側の大展望が広がる。登山適期は盛夏を除いた通年。

●問合せ先＝横瀬町振興課☎0494-25-0114

歩行時間	6時間10分
歩行距離	9.7km
累積標高差	登り＝1176m 下り＝1176m
登山難易度	中級★★★
参考地図	秩父

❶一の鳥居駐車場から沢沿いの簡易舗装の道を❷表参道登山口へ。ここから本格的な山道となる。水音が聞こえてくると不動滝で、傍らに小祠がある。一度桟橋を通り進むと「武甲山御嶽神社参道」の大きな石柱がある。植林帯を登ると、三十二丁目を経て大杉の広場に着く。

ここからジグザグに急登する。途中、階段コース（閉鎖中）と分かれ、一般コースを登って稜線上へ。トイレの脇を通り、右へ御嶽神社の裏手に上がれば❸武甲山だ。展望台は秩父市街や秩父の山々、西上州などの大展望が広がる。

頂上から武甲山の肩へ下り、ここからやや急な道を❹シラジクボに下っていく。左に持山寺跡への道を分け、小持山へ登っていく。

❺小持山からは一度下ってから登り返しとなるが、ところどころ岩稜部を縫うように進むので注意。小ピークを越えて登っていけば❻大持山だ。大持山分岐へ下り、東の尾根沿いの道を進む。緩急つけながら下れば❼妻坂峠だ。

ひと休みしたら「生川・横瀬駅」方面の道標に従い❶一の鳥居駐車場へ下ろう。

武甲山頂上の展望台。晴れた日は秩父盆地が眼下に広がる

14 武甲山

一百

15 榛名山
（はるなさん）

縦走気分が味わえる、自然林に包まれた山歩き

▲観光案内所付近から見た榛名富士と相馬山（右奥）。相馬山の急登がうかがえる

登山口まで約125km

練馬IC	
↓103km	**関越道**
渋川伊香保IC	
↓0.5km	**国道17号**
中村交差点	
↓21.5km	**県道35・33号 ほか**
観光案内所	

緯度 36°28′08″
経度 138°51′55″

 プランニングのヒント

前橋ICと渋川伊香保ICのどちらからでもアプローチできるが、渋川伊香保IC経由のほうがいくぶん走りやすい。相馬山には長い鉄バシゴがあるので、雨天時や雨天後などはスリップに十分注意するとともに、ハシゴから登山道への移動（その逆も）は慎重に。ゆうすげ園のユウスゲの見頃は例年7月ごろ。

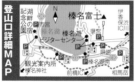

登山口詳細MAP

駐車場情報 | 観光案内所の駐車場は60台分ほど。県道33号の約750m東に県営榛名湖南駐車場もある（約25台）。ゆうすげ園入口、ビジターセンター付近にも大駐車場があり、いずれも無料。

山のプロフィール

伊香保温泉の南西にある榛名富士の、その南側の外輪山を歩く。大きな景観の広がる場所は少ないが、コースのほぼすべてが落葉樹の自然林で、新緑、盛夏、紅葉の時期それぞれに、美しい樹林のなかの山歩きが楽しめる。登山適期は4～11月。

●問合せ先＝高崎市榛名支所産業観光課☎027-374-6712

歩 行 時 間	4時間25分
歩 行 距 離	9km
累積標高差	登り＝748m 下り＝748m
登山難易度	初級★★★
参 考 地 図	榛名湖／伊香保

最大標高差が300m程度なので楽に歩けるように思われがちだが、いくつかのピークを越えるため、特に前半は急な登り下りが続く。最初からペースを上げ過ぎないように。

❶観光案内所を背に、左へと天神峠に続く舗装路を登っていく。ほどなく左手に「関東ふれあいの道遊歩道入口」の看板が立ち、ここから山道に入るが、そのまま舗装路を歩いて天神峠バス停からコースに入ってもかまわない。どちらの道もすぐに合流する。

合流地点で榛名神社への道を分け、道標に従ってヤセオネ峠方面へと歩く。美しい自然林のなかの道はすぐに木段となり、ややきつい登りが氷室山まで続く。樹林に囲まれた氷室山からはいったん急

下降し、続いて正面に見える天目山をめざす。本コースでは、相馬山とともに疲れる登りだ。

小広い**❷天目山**の頂は展望にこそ恵まれないものの、落葉樹に囲まれ気分がいい。この天目山からは急な木段を下る。やがて道は広々とゆるやかな尾根道になり、明るく開けた七曲峠に到着。ここからは榛名湖畔へ短時間で下れる登山道も通じている。峠で車道を渡ったら、再び正面の登山道へ。開放的な尾根道を登り、続いてめざす相馬山を望みながらゆるやかに下れば小さな草原のつつじ峠。とても雰囲気がいいので、大休止するにはもってこいの場所だろう。

▶ （左）榛名湖畔の県道33号沿いにある観光案内所の駐車場とトイレ。県道をはさんだ向かいには、竹久夢二の歌碑が立つ　（右）天目山頂上へと続く長い木段は踏んばりどころ

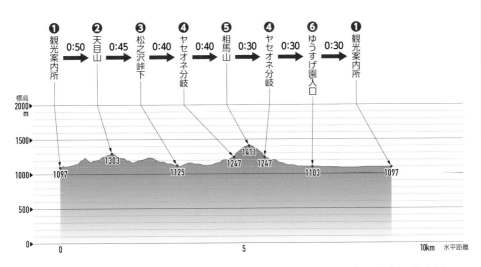

❶観光案内所	0:50	❷天目山	0:45	❸松之沢峠下	0:40	❹ヤセオネ分岐	0:40	❺相馬山	0:30	❹ヤセオネ分岐	0:30	❻ゆうすげ園入口	0:30	❶観光案内所

標高データ: 1097 / 1303 / 1125 / 1247 / 1411 / 1247 / 1103 / 1097

コース情報 相馬山の登り下りは疲れた足にはやや負担となるので、不安な場合は逆コースを歩くのがおすすめ。コースタイム的にも体力的にも紹介したコースと差はない。

▲小さな草原状のつつじ峠。北風もさえぎられ、心地よい空間

▲天目山から木道を下り始めると、遠く正面に相馬山を望むことができる。あと2時間ほど頑張れば、相馬山の頂だ

▲社や石像が立ち並び、山岳信仰をうかがわせる相馬山の頂上

つつじ峠で道は左に折れ、春ならツツジのトンネルとなる道を数分歩けば、車道の横断する❸松之沢峠下に到着する。

車に注意しながら再び車道を渡る。平坦な道はすぐに登りとなり、登り切ると榛名湖や榛名富士、天目山、榛名最高峰の掃部ヶ岳などの眺めが大きく広がる。正面に相馬山を望みながら磨墨岩の左下を通過すれば磨墨峠。なお、磨墨

岩の頂はコースーの展望スポットだが、登下降には注意が必要で頂も狭い。山慣れしていない人は避けたほうが無難だ。

磨墨峠からはゆるやかな登りが続き、赤い鳥居の立つ地点が❹ヤセオネ分岐。左に下れば、県道沿いのヤセオネ峠まで30分弱だ。

ここから相馬山の登りにかかる。すぐにクサリ場、長い鉄バシゴが現れ、その後も頂上直下

▲磨墨岩の頂から見た榛名富士（右）と天目山（左）。中央奥右手の山は、榛名山最高峰の掃部ヶ岳　▶相馬山への途中にある鉄バシゴ。濡れているときはスリップに注意したい

▲下山途中の県道沿いに現れたニホンカモシカ

まで息の抜けない急登が続く。慎重に歩けば危険はないが、下りは十分に注意したい。

　道がゆるやかになり、小鳥居をくぐれば❺相馬山（そうまやま）の頂上だ。社や石碑、石像が立ち並ぶ頂上からは、南面の景観が楽しめる。

　下りは、磨墨峠まで往路を戻り、峠からは右にゆうすげ園へ。わずかな下りでゆうすげ園の一角に立ったら、園地をのんびり❻ゆうすげ園入口（いりぐち）まで散策しよう。ここから榛名公園を経て❶観光案内所（かんこうあんないしょ）までは30分ほどだ。

榛名公園ビジターセンター

　榛名山ロープウェイ榛名高原駅のほど近くにある群馬県立のビジターセンター。動植物や地質の資料をメインに展示し、底面の直径が約20kmの大型成層火山である榛名山の成り立ちや現在の姿を知ることができる。

☎027-374-9215／入館無料、9時～15時45分、無休（ただし、営業期間中でも荒天時などに臨時休館となる場合がある）

▲登山の前に立ち寄りたい

榛名富士に立ち寄る

　下山後、榛名山のシンボル、榛名富士にロープウェイで登頂するのもいい。頂上からは谷川岳や関東平野が一望できる。帰りもロープウェイが楽だが、ビジターセンターまでの道は広葉樹の森が美しいので、歩いて下山するのもおすすめだ（40分ほど）。もっと元気な人は頂上から北西の榛名湖温泉（立ち寄り入浴可）側に下山し、静かな湖畔の遊歩道を歩いてビジターセンターまで戻るのも楽しい。

▲頂上までロープウェイが運行

15 榛名山

1:50,000

0　　500　　1000m
1cm=500m
等高線は20mごと

（仙ノ倉山）前夜泊　標高 **1984** m（平標山）・**2026** m（仙ノ倉山）　新潟県・群馬県　P178-D1

16 平標山・仙ノ倉山
たいらっぴょうやま せんノくらやま

前夜泊で花の名山・平標山と谷川連峰の最高峰・仙ノ倉山を結ぶ

▲平標山から仙ノ倉山へと続くたおやかな稜線。谷川連峰や至仏山、平ヶ岳などを見ながら進む

登山口まで約187km

練馬IC	
↓167km	**関越道**
湯沢IC	
↓20km	**国道17号**
平標登山口（元橋駐車場）	

緯度 36°48′50″
経度 138°46′58″

🚗 プランニングのヒント

　登山口への平標登山口へは関越道湯沢ICか、群馬県側の関越道月夜野IC（練馬ICから131km、平標登山口へ34km）から国道17号でアクセスする。後者は距離こそ短いが、カーブの多い三国峠越えがある。下山後の温泉は、前者は宿場の湯と街道の湯（P65コラム参照）、後者は猿ヶ京温泉がある。

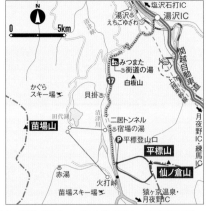

　駐車場情報　国道17号の火打峠手前に元橋駐車場（約150台、有料）がある。トイレや登山届入れ、登山地図の看板、自動販売機もある。

山のプロフィール

平標山と仙ノ倉山は新潟と群馬の県境に連なり、谷川連峰の西部を占める名峰だ。平標山は連峰随一の高山植物の宝庫として名高く、仙ノ倉山は標高2026m、谷川連峰の最高峰でどっしりした山容が印象的。登山適期は6月上旬〜 10月下旬。

●問合せ先＝湯沢町環境農林課☎025-788-0291 ／みなかみ町観光商工課☎0278-25-5017

歩行時間	8時間
歩行距離	14km
累積標高差	登り＝1354m 下り＝1354m
登山難易度	中級★★★★
参考地図	三国峠

入門　初級　中級　上級

谷川岳を主峰とする谷川連峰の西部に、仲よく並ぶのが平標山と仙ノ倉山だ。雄大な展望と花の名山として知られる平標山と、谷川連峰の最高峰、標高2026mの仙ノ倉山を訪ねる。

ここでは平標登山口から平元新道を経て平標山乃家に登り、平標山から仙ノ倉山を往復。平標山から松手山経由で再び平標登山口へ下山する、危険箇所の少ない周回コースを紹介する。山麓に前泊しての日帰りコースとしたが、体力的に厳しい場合は、平標山乃家に泊まると楽になる。また、仙ノ倉山の往復を割愛し、平標山のみの周回としても十分に楽しめる。

国道17号沿いの火打峠下に❶平標登山口がある。ここには、トイレや自動販売機もある大きな駐車場が整備されている。登山届をポストに入れてから、登山を開始しよう。すぐに下山予定の松手山コースを左に分け、道標に導かれ

て河内沢沿いの登山道を行く。林道に出て河内沢にかかる橋を渡り、ゆるやかな道を登っていくと、やがて平標山の看板と道祖神などがある❷平元新道入口に着く。

ここから左へ進んで、本格的な登山道に入り、急な登りで標高を稼ぐ。カラマツ林の山腹は登るにつれ植生が変化し、やがて大きなブナが目立つようになる。最後はジグザグに登りをくり返し、❸平標山乃家が立つ県境稜線に出る。小屋はトイレだけの利用も可能だ（有料）。

▲平標登山口の元橋駐車場　　▲平元新道の登り

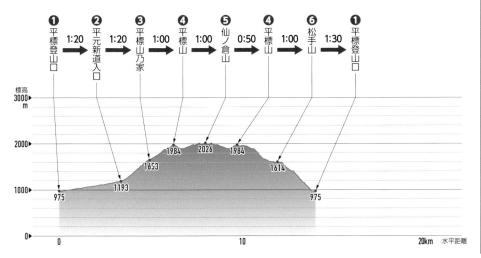

❶		❷		❸		❹		❺		❹		❻		❶
平標登山口	1:20	平元新道入口	1:20	平標山乃家	1:00	平標山	1:00	仙ノ倉山	0:50	平標山	1:00	松手山	1:30	平標登山口

標高3000m

2000

1000

0

975　1193　1653　1984　2026　1984　1614　975

0　　　　　　　10　　　　　　20km　水平距離

コース情報　平標山乃家は4月下旬〜 10月末の間は管理人が入り、食事つきでの宿泊が可能（営業期間中の宿泊は要予約）。テント泊も可。冬期は避難小屋として開放される。☎090-7832-0316

▲平標山乃家。宿泊の際は予約が必要

▲広々とした平標山の頂上。360度の展望が楽しめる

ここから平標山の頂上へ向かって、笹原のなかに木の階段がまっすぐに続いている。展望を楽しみながらゆっくりと登ろう。右手にはこれから向かう仙ノ倉山が大きくどっしりと座り、振り返ると平標山乃家の向こうに豪快な山容の大源太山が見えるだろう。

登り着いた❹平標山の頂上は土樽からの平標新道、今歩いてきた平標山乃家からのコース、下山で使う松手山からの尾根コース、これから

▼一ノ肩付近のお花畑から苗場山と苗場スキー場を望む

▲平標山より登ってきた平標山乃家方面を俯瞰する

向かう仙ノ倉山へと続く稜線の十字路となっている。眺めは申し分なく、谷川岳をはじめとする谷川連峰、雪のない苗場スキー場や山頂部が平らな苗場山などが印象的だ。

頂上でゆっくり休んだら、仙ノ倉山を往復してこよう。階段状の木道を少し下ると、ハクサンイチゲやハクサンコザクラなど、谷川連峰でも最大規模のお花畑が展開する。傍らにはベンチもあるので、週末ともなれば多くの登山者が憩っている。

最低鞍部からの登りも木の階段が続き、かなりうんざりするころ、ひょっこりと平らな❺仙ノ倉山の頂上に飛び出す。広場の一角には山座同定盤があるので、ぐるりと周囲を見比べてみよう。大展望を満喫したら、往路を❹平標山へと引き返す。

平標山からは松手山経由で平標登山口へと下山する。左手下に広々としたヤカイ沢の源頭部、右奥に頂上部が平らな苗場山を

コース情報 平標登山口からの歩き始めは別荘地の近くを通る。グループ登山の場合は、話し声を立てないよう静かに通過すること。早朝ならばなおさらだ。

見ながら気持ちのよい尾根上の道を行く。このコースも高山植物が豊富で、さまざまな植物たちが疲れを癒やしてくれる。

ケルンが積まれた一ノ肩を過ぎ、展望を楽しみながら長い木の階段を下ると**⑥松手山**に着く。振り返ると、平標山がどっしりとしていて印象深い。

この先はしばらくブナ林のなかを下っていく。やがて、高さ120mという巨大な鉄塔の横を通り過ぎる。鉄塔を見上げると、首が痛くなるほどだ。

この先は急な階段状の下りになる。急斜面をひたすら下り、飛び出たところが登山道入口だ。車道を左に進んで二居川（ふたい）にかかる橋を渡り、右折すると**①平標登山口**（たいらっぴょう とざんぐち）の駐車場に戻る。

▲松手山コース上の大鉄塔

平標山のお花畑

谷川連峰のなかでも、平標山は高山植物が豊富なことで知られている。残雪が多い斜面は、雪解けが進むとハクサンイチゲやチングルマ、ハクサンコザクラ、ハクサンチドリなど、さまざまな花が咲き競う。とくに平標山から仙ノ倉山方面に下った鞍部周辺は、谷川連峰随一のお花畑になっている。松手山上部の一ノ肩付近も、ミヤマキンバイ、イワカガミ、ヨツバシオガマなど花が多く見られる場所だ。

▲ハクサンコザクラなどが咲くお花畑

道の駅みつまた

アクセス路となる国道17号沿いにある。新潟産の食材を使用したレストランや自家焙煎のコーヒーが飲めるカフェ、地元のおみやげや農産物が入手できる物産品コーナーなどがある。ウェアなどアウトドア製品の販売も行っているので、忘れ物があった際に助かる。敷地内には立ち寄り入浴施設の街道の湯も併設。025-788-9410／街道の湯＝600円、10〜21時、火曜休（祝日の場合は翌日）。

▲趣のある木造建築

16 平標山・仙ノ倉山

17 苗場山
なえばさん

広大なお花畑から高層湿原の池塘群へと歩く花の旅

▲大小無数の高層湿原が広がる苗場山の頂上部。神様がつくった田んぼのようだ

登山口まで186km

練馬IC

↓167km　関越道

湯沢IC

↓19km　国道17号、町道苗場線ほか

祓川登山口駐車場

緯度 36°52′39″
経度 138°44′07″

プランニングのヒント

　歩行時間が長いため、前夜泊した場合でも体調しだいでは時間切れになる恐れがある。とくに六合目〜下の芝間は好天時でもぬかるんでいて歩きづらく、雲尾坂の急坂ともども下りが苦手な人は歩行時間がかさむことだろう。下りに不安のある人は、頂上の山小屋に宿泊する1泊2日のプランがおすすめだ。

登山口詳細MAP

苗場山

駐車場情報　祓川登山口駐車場は収容50台以上（有料）。トイレあり。以前より収容台数が増えたが、花の時期や紅葉期の休日は朝から混雑するため、早着がマスト。駐車場までの道は舗装されている。

山のプロフィール

山名の由来は、山上湿原に苗代のような池塘が点在することから。頂上には食物の神様がまつられ、豊作を祈願する信仰の山でもある。おだやかな山の印象が強いが、思いのほかハード。登山適期は7月上旬から10月中旬、花のピークは7月中旬〜下旬。

●問合せ先＝湯沢町環境農林課☎025-788-0291

歩行時間	8時間5分
歩行距離	13.2km
累積標高差	登り＝1238m 下り＝1238m
登山難易度	中級★★★★
参考地図	苗場山

17 苗場山

入門 初級 中級 上級

❶祓川登山口駐車場からスキーゲレンデ内の林道をゆるやかに登る。❷和田小屋の登山口で登山者カードをポストに入れ、スキー場内の土の道を歩き始める。すぐにゲレンデを横切って右手の樹林帯へ入り、うっそうとしたブナの原生林のなかを行く。右下の沢音を聞きながら、木道混じりのぬかるんだ道を登っていく。

緩急のある登りが続き、大きな石の段やすかな水の流れを越えると、道端に五合半の標柱が立っている。ミズキの木が混じる樹林帯を少し登ると六合目に出て、さらに急斜面を登っていく。左側が開けた六合半に出ると後方に山並みが望め、明るく開けたお花畑から中勾配の石の道を上がると、長いベンチが設置された❸下の芝に着く。

下の芝から木道をゆるやかに登っていき、笹とシラビソの道を抜けると、明るく開けた湿原のなかに❹中の芝の休憩所がある。さらに木道を登っていくと、後方にカッサ湖が望めるようになり、ニッコウキスゲが咲く湿原内の木道を行くと上の芝の休憩所に出る。三角岩ともいわれる顕彰碑を右に見て、わずかに登ると小松原分岐だ。

分岐では、標識を目印に左の道を進む。大山祇神をまつる石塔を見てさらに進むと、股スリ

▲登山口から頂上へ出発。長い登りが待つ

❶祓川登山口駐車場 →0:25→ ❷和田小屋 →1:15→ ❸下の芝 →0:50→ ❹中の芝 →0:50→ ❺神楽ヶ峰 →1:15→ ❻苗場山 →1:00→ ❺神楽ヶ峰 →0:40→ ❹中の芝 →0:30→ ❸下の芝 →1:00→ ❷和田小屋 →0:20→ ❶祓川登山口駐車場

標高 3000m / 2000 / 1000 / 0

1220 1373 1703 1892 2030 2145 2030 1892 1703 1373 1220

0　10　20km　水平距離

▲下の芝の休憩スポットで憩う登山者たち

▲雲尾坂上部の岩場。行動は慎重に

岩に出る。ここはまたいで通過する。難なく越えていくと、開けた笹原に廃道化された田代原への分岐がある。わずかに進むとヤマユリやタテヤマウツボグサなどが見られる八合目の小ピーク❺神楽ヶ峰（かぐらがみね）に着く。頂上からはめざす苗場山が正面に、背後には谷川連峰が見える。

苗場山の山頂部を眺めながらジグザグに急下降すると、雷清水がある。頂上に水はないので、ここで補給しておこう。雷清水からさらに下り、今度はゆるやかに登っていくと、ヒメシャジンやハクサンフウロなどが一面に咲く「お花畑」と名づけられた草原に出る。ロープが張られた崩落地を通り、お花畑のなかをゆるやかに進むと頂上との鞍部に出る。再び樹林帯を登ってい

き、展望が開けると雲尾坂の基部となる。ここから頂上まではかなりの急登が続く。

適度に休みつつ登っていき、ロープづたいに岩場を越えると、湿原のなかの平坦な木道になる。池塘を眺めながら進むと木道は二手に分かれ、赤湯方面への道を左に見送って直進すると、広場のように平坦な❻苗場山（なえばさん）頂上に着く。頂からは、谷川連峰や八海山をはじめとする越後三山などが見渡せる。宿泊する場合は山小屋（苗場山自然体験交流センター）に荷物を預け、広大な山頂湿原を散策してこよう。夕暮れの湿原は、宿泊した人しか眺められない絶景だ。

下山は雲尾坂の急坂を慎重に下り、往路を忠実にたどっていこう。

▲雷清水付近からの苗場山。どっしりした姿を見せる

▲さまざまな花が咲き競う「お花畑」

| コース情報 7月中旬〜10月下旬の土・日曜、祝日に、和田小屋付近からかぐら第一高速リフトが運行され、利用すれば下の芝までの時間が1時間ほど短縮できる。運行時間は6〜8時で、上りのみ。

サブコース情報

　頂上へのコースはほかにも四方に多数あり、時間や体力、技術に応じて選択できる。マイカー利用であれば、長野県側の秘境、秋山郷からの小赤沢コースが最短コースになる。小赤沢林道終点で標高1310mにある三合目駐車場から頂上まで約3時間50分。格別な危険箇所はない。登山上級者なら、同じ秋山郷にある日本二百名山の鳥甲山（標高2038m）とセットで登るのもよい。小赤沢コースと同じタイムで頂上に立てた苗場スキー場からの田代ルートは廃道になった。

▲小赤沢コースの登山口

雨の日の安全なドライブ

　雨は視界を大幅に悪化させる。これは他車や歩行者からも視認されづらいということ。昼間でもスモールライトを点灯し、夕方や降りが激しいときはヘッドランプを点灯すべき。路面もすべりやすくなり、制動距離は乾燥時に比べて1.5倍ほどに延びる。マンホールの蓋など鉄板の部分はそれこそ氷のようで、スリップには十分気をつけたい。車内の曇り解消はエアコンのスイッチを入れればOK。右写真のようなドアミラーへの水滴の付着は対策品が販売されていて便利だ。

▲ドアミラーの水滴も視界を妨げる

17 苗場山

1:50,000

1cm=500m
0 　500　1000m
等高線は20mごと

⑱ 八海山
（はっかいさん）

峻険な岩峰連なる越後の霊峰を、無理のない山小屋泊で登る

▲東方の入道岳方面から見た八海山核心部・八ッ峰の岩稜。登る際はヘルメットを着用したい

登山口まで約199km

練馬IC	
↓187km	関越道
六日町IC	
↓3km	国道253・17号
四十日新道交差点	
↓9km	県道214号
六日町八海山スキー場	

緯度 37°06′32″
経度 138°58′44″

プランニングのヒント

クサリ場が連続するハッ峰は油断が命とりになるので、とにかく体調をベストにして臨むこと。そのためには日帰りにせず、山中の千本檜小屋（テント泊も可）に宿泊したい。翌日はロープウェイの出発時間（P71「コース情報」参照）までに小屋を出ればクサリ場での渋滞に巻き込まれずに行動できる。

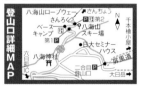

　駐車場情報　六日町八海山スキー場には第1と第2の2つの駐車場（約1000台、無料）がある。手前の第1は売店やレストランのあるベースキャンプに隣接、第2はロープウェイ乗り場が近い。トイレは両方にある。

山のプロフィール

新潟県旧六日町の東側にある信仰の山。山名の由来は魚沼盆地からもそれとわかる、8つの岩峰が目立つ特異な山容にある。山麓のロープウェー駅から手軽に頂稜の一角、四合目付近に行けるが、八ッ峰の岩峰は細心の注意を。登山適期は7～10月。

●問合せ先＝南魚沼市商工観光課☎025-773-6665／八海山ロープウェー☎025-775-3311

歩行時間	1日目＝2時間35分 2日目＝5時間35分
歩行距離	7.5km
累積標高差	登り＝825m 下り＝825m
登山難易度	上級★★★★★
参考地図	五日町／八海山

ロープウェイでアプローチを短縮できるので健脚者なら日帰りも可能だが、山小屋泊で余裕を持って難関・八ッ峰の岩峰踏破に臨む。迂回路こそあるが高度感のあるトラバースだけに、岩場が苦手が人は薬師岳で引き返そう。

1日目 八海山ロープウェー山麓駅から標高差771mを約5分で、四合目にあたる**❶山頂駅**に着く。近くに避難小屋、遥拝所、展望台があ

り、魚沼盆地や上信越の山々、視界がよければ日本海に浮かぶ佐渡島まで遠望できる。

道標に従い登山道へ入り、登下降をくり返し進む。モリアオガエル生息地の溝池への道を分け、さらに30分ほどで**❷女人堂**（避難小屋）に着く。傾斜の増した道を10分ほど登ると、給水ポイントとなる祓川の水場に出る。ここから右手の急な道を登るとクサリ場が現れ、これ

▲八海山ロープウェーを利用してらくらく高度を稼ぐ

▲薬師岳から稜線を千本檜小屋へと向かう

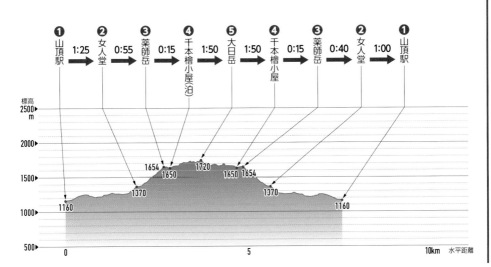

❶山頂駅 →1:25→ ❷女人堂 →0:55→ ❸薬師岳 →0:15→ ❹千本檜小屋泊 →1:50→ ❺大日岳 →1:50→ ❹千本檜小屋 →0:15→ ❸薬師岳 →0:40→ ❷女人堂 →1:00→ ❶山頂駅

標高 2500m／2000／1500／1000／500

1160　1370　1650 1654　1720　1650 1654　1370　1160

水平距離　0　5　10km

コース情報　八海山ロープウェーの運行時間は平日と4月～6月中旬、10月末～11月中旬の土・日曜、祝日は8時30分～15時30分、6月下旬～10月下旬の土・日曜、祝日は8～16時。詳細はホームページ参照。

▲千本檜小屋。ご主人は八海山に精通している

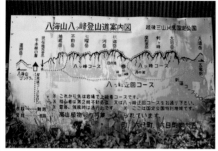
▲千本檜小屋にある八ッ峰の案内図

▶紅葉に彩られるコース最高点、大日岳

を登れば八合目の**❸薬師岳**に着く。眼前には地蔵岳の岩峰、東側に目を移せば中ノ岳、越後駒ヶ岳が雄大だ。初級者はここで引き返そう。

展望を満喫したら、**❹千本檜小屋**へ向かう。今日はこの山小屋に宿泊し、山上からの夕景や荘厳な日の出を楽しもう（小屋の詳細は下記「コース情報」を参照）。なお、到着時間が早ければ、初日に大日岳を往復してもよい。

2日目▶小屋をあとに八ッ峰へ。迂回路を少し進み、クサリを登ると稜線に出る。地蔵岳の岩峰に登れば、眼下に千本檜小屋、薬師岳が見える。稜線に戻り不動岳へ。この先がいよいよ

核心部だ。急な岩壁をクサリを頼りに下り、キレット状（稜線の一部が急激に切れ落ちた場所）の岩場を越えて白河岳（白川岳）に出る。前後には険しい岩峰、左右に雄大なパノラマが広がる。

この先もクサリのかかる岩場が続くが、天候急変時や通過に不安を感じたら迂回路へ下る道もある。たどり着いた本コースの最高地点**❺大日岳**に立つと、前方に八海山最高峰・入道岳（丸岳・1778m）から越後駒ヶ岳へと続く稜線を目でたどれる。入道岳へは往復1時間強だが、こちらも長いクサリ場など難所が多い。

大日岳から長いクサリで降りたら、迂回路へ急

▲八ッ峰の第一ピーク、地蔵岳頂上

▲八ッ峰の岩稜から望む魚沼平野と魚沼丘陵

コース情報 九合目の千本檜小屋には7〜10月（9月中旬以降は金〜日曜のみ）にかけて管理人が入り、食事つきで宿泊できる。宿泊は要予約。テント場もある（8張）。☎080-5079-3375

千本檜小屋から望む日本百名山の越後駒ヶ岳

◀大日岳から迂回路へは長いハシゴの下り。迂回路も幅の狭いトラバースがあるなど油断できない

登山に役立つドライブレコーダーの選び方

　万一の時に心強いものがドライブレコーダー（以下ドラレコ）だ。登山口の駐車場における有益な機能として、駐車監視モード（パーキングモード）があげられる。このモードはエンジンがかかっていない状態でも録画をしているので、車上荒らしや当て逃げの対策になる。また、後方からの事故やあおり運転対策として、後方も撮影できる機能をもったドラレコも販売されている。フロントガラスに取り付けるドラレコに後方も撮影できる機能をもったものと、フロントとリヤのカメラがセパレートとなったものの2種類がある。取り付けの手軽さは前者だが、カメラがついているということを後方車に知らしめる意味では後者がおすすめだ。

▲購入の際は200万画素以上でフレームレート（1秒間に記録できるコマ数）30fps以上のものを選びたい

魚沼の地酒と名所

　「八海山」というと、山よりも酒をイメージする人も多いだろう。八海山のある南魚沼市は全国有数の多雪地帯で、湧水が豊富な場所。その軟水を利用した日本酒が実においしい。市内には八海醸造・青木酒造・高千代酒造の3軒の蔵元があり、魅力的な酒をつくっているが、「八海山」でおなじみ八海醸造はとくに名高い。また、八海醸造のある南魚沼市長森には八蔵資料館をはじめ、「八海山」の試飲や購入ができる八海山雪室、旧家を移築したそば屋長森などが入った「魚沼の里」がある。登山の帰りに立ち寄ってみよう。

▲地酒は山麓駅売店でも購入できる

なハシゴで下る。左に新開道を分けて進むと月ノ池に出る。迂回路の東側は岩壁、西側は屏風道と開けた魚沼盆地が、南側には巻機山が望める。

　迂回路を抜け、地蔵岳直下を越えて❹千本檜小屋に戻ると、ようやく緊張も解ける。ひと休みしたら往路を❶山頂駅へ戻ろう。

18 八海山

大倉口

展望台 1121　八海山遥拝所

池ノ峰 1296　1087

展望のよいピーク。初級者はここで引き返そう

1064

ロープウェイを利用しない場合は登り2時間30分、下り1時間30分

所要約5分で20分間隔の運行

❶山頂駅

1:25
1:00

モリアオガエル生息地

❷女人堂
1370

薬師岳

1:50,000

0　500　1000m

1cm＝500m

等高線は20mごと

六日町八海山スキー場

・690

浅草岳

祓川の水場

新潟県
南魚沼市

0:55
0:40

1654
❸

0:15

1364・クサリ

1:50

山頂部は八ツ峰とよばれる8つのピークと19カ所のクサリ場が連続する険路。岩場に慣れた上級者向き

千本檜小屋
避難小屋併設

❹地蔵岳
1707

1:50

❺大日岳
1720

山麓駅

八海山スキー場

八ツ峰と迂回路との連絡路

入道岳 1778
（丸岳）

八海山の最高峰

クサリ・ハシゴ

八海山

練馬IC

六日町IC

日大セミナーハウス

二合目登山口

・406

八海神社

・452

避難小屋

屏風道

八ツ峰の西側には迂回路がつけられているが、幅の狭いトラバースがあり注意

新開道

・624

カッパ倉 1268

1322

五龍岳 1590

1585

中ノ岳・越後駒ヶ岳

17

四十日新道
253

このあたり宿泊施設数軒

前夜泊　標高 **1585** m ｜ 新潟県・福島県 ｜ P178-B2

19 浅草岳
（あさくさだけ）

爽快な山頂部へ危険箇所の少ない新潟県側から登る

登山口まで約244km

練馬IC
↓204km 関越道
小出IC
↓28km 県道371・70号、国道252号ほか
魚沼市大白川
↓12km 県道346・385号ほか
ネズモチ平駐車場

緯度 37°21′34″
経度 139°13′03″

▲南面の田子倉側からの浅草岳。雪の侵食により荒々しい姿を見せる

プランニングのヒント

首都圏からの日帰りはやや難しく、前泊して登山に臨みたい。前泊地としては、登山口手前の大白川地区と五味沢地区の宿泊施設がおすすめだ。この山を代表する花であるヒメサユリの見頃は、例年7月上旬ごろ。ただし、この時期でも年によっては雪渓が残ることがあるので、軽アイゼンを用意しておきたい。

登山口詳細MAP

駐車場情報

大白川からの県道385号から続く林道（道幅狭く未舗装箇所あり）のゲートの手前にネズモチ平駐車場がある（トイレ、登山届ポストあり）。駐車場は100台は停められる。駐車場からネズモチ平登山口へは徒歩10分ほど。

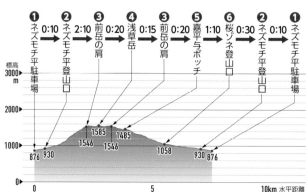

❶ネズモチ平駐車場 →0:10→ ❷ネズモチ平登山口 →2:10→ ❸前岳の肩 →0:20→ ❹浅草岳 →0:15→ ❸前岳の肩 →0:20→ ❺嘉平与ボッチ →1:10→ ❻桜ゾネ登山口 →0:30→ ❷ネズモチ平登山口 →0:10→ ❶ネズモチ平駐車場

標高 3000m / 2000 / 1000

876　930　1546　1585　1546　1485　1058　930　876

0　5　10km 水平距離

コース情報　ネズモチ平駐車場の約2.5km手前に、浅草岳周辺の自然を紹介する浅草山麓エコ・ミュージアムがある。登山前や登山後に立ち寄ってみたい。入園無料、9時〜16時30分、無休（冬期休館）。☎025-793-7480

山のプロフィール

新潟県魚沼市と福島県只見町の境に位置し、山頂部には草原と池塘がある。なだらかな山容の新潟県側と峻険な姿の福島県側から複数のコースがあるが、前者は急登以外危険箇所が少ないので、初級者でもトライできる。登山適期は6〜10月。

●問合せ先＝魚沼市観光協会☎025-792-7300

歩行時間	5時間5分
歩行距離	7.5km
累積標高差	登り＝786m 下り＝786m
登山難易度	中級★★★
参考地図	守門岳

❶ネズモチ平駐車場をあとに林道を進むと、10分ほどで❷ネズモチ平登山口に出る。ここで林道から離れ、左の登山道に入っていく。

ぬかるみ混じりの道をしばらくたどると、ブナソネ（ソネ＝尾根のこと）の登りとなる。急斜面を足元に気をつけながらひたすら登っていくと、ようやく稜線上の❸前岳の肩に出る。

左に進み、草原に延びる木道を歩くと❹浅草岳頂上だ。360度の展望が楽しめるが、なかでも眼前の鬼ヶ面山の大岩壁は圧巻。また花の多い山だけに、7月はヒメサユリやトキソウ、シラネアオイ、8月はキンコウカ、

9月はオヤマリンドウなどが山中を彩る。

頂上から❸前岳の肩に戻り、西へ延びる桜ゾネに入る。❺嘉平与ボッチを越え、崩壊地の通過とスリップに注意して下っていくと浅草の鐘がある❻桜ゾネ登山口に出る。

右に進み林道を40分ほど行くと、❶ネズモチ平駐車場に戻ってくる。

▲一等三角点がある浅草岳頂上

▲浅草岳を代表する花のヒメサユリ

入門
初級
中級
上級

19 浅草岳

1:25,000
1cm=250m
等高線は20mごと
N
250 500m

前夜泊

20 粟ヶ岳
(あわがたけ)

日本海に浮かぶ佐渡島を望む大展望の山

標高 **1293 m** ｜ 新潟県 ｜ P178-A2

▲加茂市の水源地にある第一貯水池から見上げた粟ヶ岳。左は権ノ神岳

登山口まで298km

練馬IC

↓272km 関越道・北陸道

三条燕IC

↓26km 国道289・403号、県道1・9・244号ほか

水源地
（粟ヶ岳県民休養地）

緯度 37°34′47″
経度 139°08′43″

プランニングのヒント

困難な箇所はないコースだが、ハシゴやクサリ場も一部にあり、濡れているときはすべりやすくなるので注意が必要。5月上旬ごろはまだ頂上付近に雪の残っていることがあるので、雪に不慣れな人は5月中旬～下旬以降の登山がおすすめだ。ヒメサユリの花を見るなら、年によるが6月中旬～下旬ごろが見頃となる。

登山口詳細MAP

駐車場情報

水源地・粟ヶ岳県民休養地の駐車場（無料、約100台）を利用する。駐車場そばにトイレがあるが、コース中にはないので、立ち寄っておきたい。休養地にはキャンプ場もあり、前泊地として利用するのもいい。

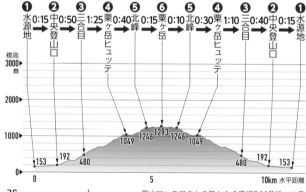

❶水源地 0:15 ❷中央登山口 0:50 ❸三合目 1:25 ❹粟ヶ岳ヒュッテ 0:40 ❺北峰 0:15 ❻粟ヶ岳 0:10 ❺北峰 0:30 ❹粟ヶ岳ヒュッテ 1:10 ❸三合目 0:40 ❷中央登山口 0:15 ❶水源地

標高 3000m / 2000 / 1000 / 0
153 192 480 1049 1246 1293 1246 1049 480 192 153
0 5 10km 水平距離

コース情報 登山口へのアクセス路となる県道244号沿いに日帰り入浴施設の加茂七谷温泉美人の湯がある。 800円（平日の17時以降600円）、10～21時、第2・4水曜休（祝日の場合は翌日）。☎0256-41-4122

山のプロフィール

新潟県加茂市と三条市の境、県のほぼ中央に位置する山。堂々としたその姿は両市にとってシンボル的な存在だ。ヒメサユリが多く咲く山としても知られる。登山適期は5月下旬〜10月下旬。

●問合せ先＝加茂市商工観光課☎0256-52-0080／三条市営業戦略室☎0256-34-5605

歩行時間	6時間10分
歩行距離	10.8km
累積標高差	登り＝1334m 下り＝1334m
登山難易度	中級★★★
参考地図	粟ヶ岳

入門
初級
中級
上級

歩行時間の長いコースなので、早朝に出発すること。❶水源地にある粟ヶ岳県民休養地の駐車場から大俣林道を歩き、第二貯水池の❷中央登山口から登山道に入る。杉林の急な尾根を登ると第一ベンチのある❸三合目で、ここから本格的な登りが始まる。しばらく登るとブナが目立つ大栃平。ここには第二ベンチがある。

大栃平を過ぎると岩がちの箇所が現れ、ハシゴやクサリ場のある急斜面を越えていく。水場への分岐を過ぎると砥沢峰で、ここには❹粟ヶ岳ヒュッテが立っている。

頂上まではあともうひと息。砥沢峰からいったん下り、花期ならヒメサユリ咲く道を登り返すと粟ヶ岳の❺北峰に到着する。目の前の中峰を越えて登り返せば❻粟ヶ岳の頂上だ。粟ヶ岳の頂上は狭いが、展望はすばらしい。空気の澄んだ日なら、日本海に浮かぶ佐渡島まで望むことができるだろう。

たっぷり休んだら往路を戻るが、疲れた足に長い下りはつらい。くれぐれも慎重に。

▶三合目〜粟ヶ岳ヒュッテ間はハシゴやクサリ場が続く

▼鐘が設置された粟ヶ岳頂上

20 粟ヶ岳

標高 **1370 m** | 群馬県 | **P182-B1**

21 稲含山
(いな ふくみ やま)

農耕の神の山。1時間足らずで西上州随一の展望の頂へ

▲稲含山の頂から眺める浅間山（右）と荒船山（中央やや左の平らな山）

登山口まで約121km

練馬IC	
↓105km	関越道・上信越道
下仁田IC	
↓2km	国道254号
上ノ谷戸交差点	
↓14km	県道193号、稲含高倉林道ほか
茂垣峠駐車場	

緯度 36°10′27″
経度 138°49′48″

プランニングのヒント
単独で登っても十分楽しめるが、同じ下仁田町の荒船山（P84）とセットで登ってもいい。その場合は登山口での車中泊か、山麓の下仁田温泉（P81コラム参照）で1泊する。アカヤシオの花は4月中旬、紅葉は11月中旬ごろだが、冬の冷え込みが厳しい日は凍結した岩場でのスリップに注意。

登山口詳細MAP

| 駐車場情報 | 国道254号から茂垣峠へは、要所にある案内板に従って進む。峠に約30台が停められる駐車場がある。アクセス路の稲含高倉林道は一部に未舗装部分があり運転には注意したい。

山のプロフィール

古くから農耕の神の山として信仰されてきた山で、頂上付近には、下仁田町側、甘楽町側それぞれに稲含神社が立つ。この山の特長は何といっても頂上からの大パノラマで、西上州の山々では随一といっていいほどの展望が広がる。登山適期は4～12月。

●問合せ先＝下仁田町商工観光課☎0274-64-8805

歩行時間	1時間45分
歩行距離	2.5km
累積標高差	登り＝359m 下り＝359m
登山難易度	初級★★
参考地図	下仁田

短時間で登ることができる山だが、急斜面の険しい場所もあって、過去には遭難も発生している。注意箇所にはクサリなどが取り付けられているものの、行動はくれぐれも慎重に。

❶茂垣峠の駐車場から道標に従い、未舗装の林道を登っていく。林道はほどなく終点となり、復路に歩く一の鳥居経由の道が左から合流する。

登山道に入るとすぐに大きな赤鳥居が立ち、その左脇に登山道が続いている。道はすぐに急斜面の登りとなるが、それも少しの間。落葉樹林のなかにつけられた木段（コンクリート製）の道が終われば傾斜もいったんゆるやかになり、ベンチが置かれた平坦地に出る。浅間山や西上州の山々が間近に望めることだろう。

ここから道は再び急傾斜となり、クサリ場が現れる。ゆっくりと通過し、少し歩いた先をいったん下ると、丸太で作られた柵のある幅の狭い鞍部を通過する。この鞍部から登った斜面の狭い一角が❷秋畑分岐だ。

旧秋畑稲含神社への道を左に見送り、右へと

▲最初に現れるクサリ場。傾斜はゆるく足場もしっかりしているが、落ち葉に覆われる時期は注意

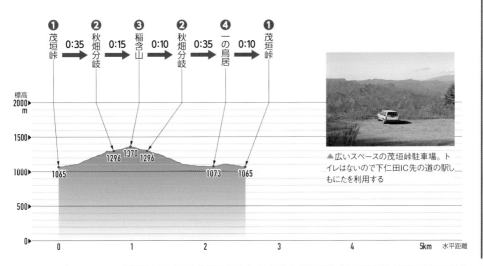

❶茂垣峠 →0:35→ ❷秋畑分岐 →0:15→ ❸稲含山 →0:10→ ❷秋畑分岐 →0:35→ ❹一の鳥居 →0:10→ ❶茂垣峠

▲広いスペースの茂垣峠駐車場。トイレはないので下仁田IC先の道の駅しもにたを利用する

標高
2000m
1500m
1000m
500m
0m

1065　1296　1370　1296　1073　1065

0　1　2　3　4　5km　水平距離

コース情報　甘楽町側の神の池公園（無料駐車場とトイレあり）から二の鳥居、旧秋畑稲含神社を登路にして周回するコースもとれるが、登りがややきつめになる。一の鳥居で右に入り、紹介コースをたどるほうがいい。

▲登山口近くの赤い鳥居。これをくぐって登山道に入っていく

◀稲含山の頂上。やや狭めだが心地よい

頂上をめざす。転落防止のフェンスが取り付けられた道を登ると石像の置かれたクサリ場が現れ、ここを通過すればもう少しで稲含神社だ。

稲含神社からは左へとヤセ尾根をたどる。360度の大パノラマが広がる❸稲含山の頂へはわずかな時間で登り着く。景色の開けない樹林帯を歩いてきただけあって、感激もひとしおだろう。近くにはタンカーのような形をした荒船山や妙義山など西上州の山々、少し離れて浅間山、榛名山、赤城山、遠方には八ヶ岳、谷川岳、草津白根山、日光白根山、さらには北アルプスと、いくら眺めていても飽きることがない。

立ち去りがたい頂からは❷秋畑分岐まで往路を戻り、右に旧秋畑稲含神社をめざす。木段の間が深くえぐれた急な下りは、転倒に注意が必要だ。分岐から10分前後で到着する旧秋畑稲含神社は静寂な雰囲気。

さらに急な下りを続けると二の鳥居が現れ、そのすぐ下で「神の水」とよばれる小沢を渡る。神の水を過ぎると道もゆるやかになり、ほどな

▲頂上からの西側の眺め。右下に「西上州のマッターホルン」と称される小沢岳、奥には八ヶ岳の山々が連なり、蓼科山が頭をのぞかせる

コース情報　下仁田町中心部から車で南西に15分ほどの群馬県南牧村には三ッ岩岳（P82）や、鹿岳、小沢岳など機会があれば登ってみたい山が多い。詳細は南牧村のホームページを参照のこと。

▲頂上直下に立つ稲含神社。5月の例大祭以外は無人

▲神の池公園への道が分岐する一の鳥居

く**④一の鳥居**に出る。

　鳥居をくぐって正面に行く道は、甘楽町側の登山口である神の池公園への道で、ここは左へと登り返す。鉄塔を過ぎると、往路に通った林道終点に出る。右に入り、あとは**❶茂垣峠**まで来た道を戻ればいい。

下仁田温泉清流荘

　茂垣峠駐車場へのアプローチ途中の下仁田町吉崎地区にある、渓流沿いの一軒宿。周囲を山に囲まれ、大きな池のほとりに本館と6棟の離れが立つ。猪・鹿・雉の肉を使った料理を出す宿としても知られ、それを目当てにやってくる人も多い。なお、泉質は日本でも数少ないといわれる炭酸水素塩泉。写真は男性用露天風呂「仙境の湯」。☎0274-82-3077／日帰り入浴（露天風呂のみ）800円、11時～14時30分、不定休（要連絡）。

車酔い。しない・させない

　多くの人が酔いに不安を持つ船の場合は、酔いにくい位置というものがあって、それは船の中央部からやや後部にかけてだ。揺れの影響を最も受けにくい場所であり、これを車に当てはめてみると、運転席と助手席になる。車酔いする人はまずは助手席に座ろう。睡眠不足や空腹・満腹状態での乗車、うつむいてのスマホ操作は車酔いを誘発する。酔い止め薬はもちろん乗車前に。また、ショウガは吐き気防止の効果があるともいわれている。いずれにしろ、いろいろな対策を試し、自分なりの“効果あり”をつくっていきたい。

　酔わせない運転もドライバーには望まれる。いちばん大事なのは、車酔いする人の頭ができるだけ動かない運転をすること。踏力が一定しないアクセル操作、カーブでの小刻みなハンドル操作、カックンブレーキは禁物。おだやかな運転は、事故防止だけでなく、車酔い防止にも効果ありだ。

▲カーブではよりスムーズな運転を心がけたい

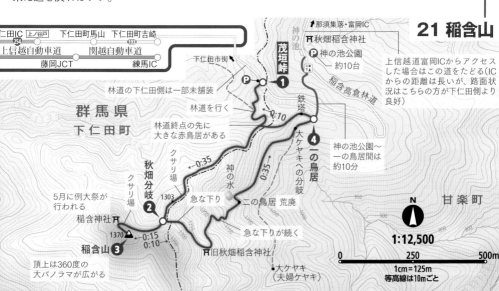

21 稲含山

仁田IC [上ノ谷戸] 254　下仁田町馬山　下仁田町吉崎 193
上信越自動車道　関越自動車道
藤岡JCT　練馬IC

下仁田市街
那須集落・富岡IC
神の池
茂垣峠 ❶
秋畑稲含神社
P 神の池公園 — 約10台
稲含高倉林道

上信越道富岡ICからアクセスした場合はこの道をたどる(ICからの距離は長いが、路面状況はこちらの方が下仁田側より良好)

林道の下仁田側は一部未舗装
林道を行く
林道終点の先に大きな赤鳥居がある

群馬県
下仁田町

鉄塔
-0:10
大ケヤキへの分岐
④ 二の鳥居
神の池公園～一の鳥居間は約10分

秋畑分岐 ❷
クサリ場
1303
クサリ場
神の水
急な下り
-0:35
-0:35

5月に例大祭が行われる
稲含神社 卍
1370 ▲ -0:15 0:10
稲含山 ❸
頂上は360度の大パノラマが広がる

二の鳥居 荒廃
急な下りが続く
旧秋畑稲含神社 卍
大ケヤキ (夫婦ケヤキ)

甘楽町

N
1:12,500
0　　250　　500m
1cm＝125m
等高線は10mごと

標高 **1032 m** | 群馬県 | **P185-B5**

22 三ッ岩岳
（み・いわ・だけ）

初級ながら岩場もある西上州のアカヤシオに彩られる山

▲竜王大権現に向けて、アカヤシオ咲く尾根道を下る

登山口まで124km

練馬IC

↓78km 関越道

藤岡JCT

↓27km 上信越道

下仁田IC

↓19km 国道254号、県道193・45・93号ほか

登山口（大仁田ダム下）

緯度 36°08′13″
経度 138°41′10″

🚗 **プランニングのヒント**

　下仁田ICからの国道254号を下仁田市街に入らず、道の駅しもにた手前の上ノ谷戸交差点を左折するとスムーズに行ける。アカヤシオの花期は駐車場が混雑するので早めの到着。南牧村は石垣のある山村風景が美しい地域なので、ドライブがてら、登山後の集落散策もぜひ体験したい。星尾、勧能、熊倉などの集落がおすすめだ。

登山口詳細MAP

駐車場情報

登山口の手前左側とトイレ横に合計20台分ほど。満車の際は、大仁田ダム奥の駐車場か烏帽子岳登山口の駐車場が比較的空いている。いずれも三ッ岩岳登山口まで徒歩10分程度を見ておけばよい。トイレは冬期閉鎖となる。

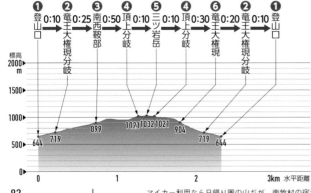

❶登山口 0:10 ❷竜王大権現分岐 0:25 ❸南西鞍部 0:50 ❹頂上分岐 0:10 ❺三ッ岩岳 0:10 ❹頂上分岐 0:30 ❻竜王大権現 0:20 ❷竜王大権現分岐 0:10 ❶登山口

標高 m / 2000 / 1500 / 1000 / 500 / 0

644　719　899　1021 1032 1021　904　719　644

0　1　2　3km 水平距離

コース情報　マイカー利用なら日帰り圏の山だが、南牧村の宿泊施設で1泊し、荒船山（P84）などとセットで登るのもおすすめ。南牧村の宿泊施設は村のホームページを参照。

山のプロフィール

群馬県南西部、南牧村にそびえる岩峰。地元では「ひとつばな」とよばれるアカヤシオの群生地として知られ、ひとつばなは村花でもある。登山道はおおむね整備されているが、岩場では慎重な行動を。登山適期は4〜11月で、アカヤシオの花期は4月中旬。

●問合せ先＝南牧村情報観光課☎0274-87-2011

歩行時間	2時間45分
歩行距離	2.3km
累積標高差	登り＝408m 下り＝408m
登山難易度	初級★★
参考地図	十石峠

"竜王の里宮"の小さな社が立つ❶登山口から、いきなりの急登でスタートする。堰堤の横を登り切れば傾斜はゆるみ、やがて現れるのが❷竜王大権現分岐だ。右の竜王大権現への道は下山に利用する道なので、ここはまっすぐ。しばらく沢沿いの道を歩き、古い林道にぶつかったら左に行く。道標に従って再び登山道に入れば❸南西鞍部は目の前だ。

南西鞍部から5〜6分林間の急登をこなすと、尾根の道へと変わる。花期ならこのあたりからアカヤシオが出現する。花好きは写真撮影に忙しく、なかなか歩が進まないことだろう。

小さなピークを越えて左側に回り込むと、ほどなくロープ場だ。登りなら問題ないが、逆コースをとってここを下る際には、ストックをザックに収納するなどの安全対策を講じてほしい。ロープ場からはひと登りで❹頂上分岐。このあたりはアカヤシオの森になっている。

分岐からは左（北西方向）に進み、いったん

下って登り返せば❺三ッ岩岳の頂上だ。頂上は狭いが、西上州の山々のパノラマが楽しめる。

❹頂上分岐まで戻り、アカヤシオのトンネルを竜王大権現へと続く道に進む。岩場の道を慎重に下って尾根の突端から左へと回り込み、急下降をこなして絶壁下の❻竜王大権現へ。この先も急下降が続くので、スリップしないよう慎重に歩くこと。❷竜王大権現分岐まで下れば、❶登山口へはわずかな時間で到着する。

▲登山口のトイレ横駐車場（約5台分）

22 三ッ岩岳

烏帽子岳頂上まで約1時間40分

23 荒船山

あら ふね やま

大展望の艫岩と山上台地が広がる日本のテーブルマウンテン

▲艫岩から噴煙を上げる浅間山（左奥）を望む。眼下の屈曲路はアクセス路の国道254号

登山口まで約133km

練馬IC
↓105km　**関越道・上信越道**
下仁田IC
↓25km　**国道254号**
神津牧場への標識
↓3km　**国道254号旧道**
荒船山登山口（内山峠）

緯度 36° 13′ 20″
経度 138° 36′ 57″

プランニングのヒント

荒船山登山口の駐車場の満車時は、長野県側に15分ほど進んだ荒船不動尊下に駐車し、星尾峠経由で頂上へ向かう（P85「コース情報」参照）方法もある。また、1泊できるなら、国道254号を長野県側の佐久に下り、黒斑山（P88）や横岳（P34）、蓼科山（P38）とセットで登るのもよい。

登山口詳細MAP

神津牧場　下仁田IC
三叉路
「神津牧場」の標識
熊倉峰
駐車スペース
旧道
内山峠
荒船山登山口
荒船山
佐久

軽井沢　松井田妙義IC　松井田妙義IC　碓氷軽井沢IC　まついだ
佐久　碓氷軽井沢IC　妙義神社　妙義山　JR信越本線
上信越自動車道　荒船の湯　中小坂　上信越自動車道　富岡IC／練馬IC
神津牧場　しもにた　下仁田IC
内山峠　荒船山登山口　鹿岳　下仁田
佐久　荒船山　しもにた
荒船不動尊　オアシスなんもく　稲含山
田口峠　砥沢関所跡　三ツ岩岳
御荷鉾林道
0　5km　上野

駐車場情報　荒船山登山口に約15台の駐車場（簡易トイレあり。ただし冬期は使用不可）、すぐ手前の内山峠に約5台分の駐車スペースがある。週末は満車になることが多いので、早着を心がけたい。

山のプロフィール

群馬・長野県境に位置する荒船山は山上に船の甲板のような台地が広がり、その先端が垂直に切れ落ちる山容から航空母艦とも日本のテーブルマウンテンとも形容される。交通の便はよくないが、車で内山峠まで行けば楽に頂上に立てる。登山適期は4〜12月。

●問合せ先＝下仁田町商工観光課☎0274-64-8805

歩行時間	4時間
歩行距離	8.9km
累積標高差	登り＝836m 下り＝836m
登山難易度	初級★★
参考地図	信濃田口／荒船山

日本二百名山にも数えられる荒船山は豊かな自然林に囲まれ、とくに初夏や秋の山上ハイクが気持ちよい。山上へは数本の登山道があるが、北西面の内山峠コースからは、ときおり切り立った艫岩を樹間に望みながら歩くことができる。

内山峠の長野県側が❶荒船山登山口。駐車場の奥から、まずは山道をゆるやかに下っていく。すぐに平坦となり、しばらくは山腹をたどっていく。やがて尾根沿いの道となり徐々に高度を上げていく。階段状の急登を過ぎれば、やがて正面に❷鋏岩とよばれる切り立った岩壁が見え

▲国道254号から見上げた荒船山のシンボル、艫岩

てくる。ここはかつての修験道行場跡で、ひさし状になった岩がいかにもといった趣だ。

ひと息入れたら、

▲眼前に立ちはだかる鋏岩

鋏岩を右から回り込むように進む。途中、小さな起伏を越え右へとカーブして進むと、左手の樹間に切り立った艫岩が見えてくる。この先で小さな沢を渡る。橋の下に一杯水とよばれる沢水が塩ビパイプから流れている。かつて修験者が口にした水だ。

ここからは本コースいちばんの急な登りとなる。とはいえ、せいぜい15分ほど。ハシゴ段

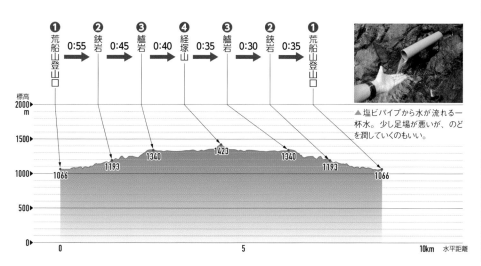

▲塩ビパイプから水が流れる一杯水。少し足場が悪いが、のどを潤していくのもいい。

コース情報　佐久側の荒船不動尊の下にある駐車場に停めて、星尾峠経由で経塚山、艫岩とめぐるコースもおすすめ。谷筋を登るため、本コースとはまた違った味わいがある（艫岩へ登り約2時間、下り約1時間40分）。

▲鑪岩から妙義山(中景)、榛名山(奥)方面を展望

▲鑪岩にある休憩所兼避難小屋。トイレは閉鎖中

▲鑪岩の展望盤。八ヶ岳や槍ヶ岳などの名山が並ぶ

やロープ場を行けば、やがて古い案内版がある鑪岩西端に出る。あとはミズナラと笹原に包まれたゆるやかな道を行く。10分ほどで樹林を抜け、❸鑪岩(ともいわ)に到着だ。晴れていれば北側に見事な展望が広がる。展望盤もあるので、ぜひ山座同定を楽しもう。正面に噴煙を上げる浅間山、右へと目を転ずれば岩峰が林立する妙義山(みょうぎさん)、さらに奥には榛名山(はるなさん)や赤城山が広がる。左へと目を向ければ、北アルプスの山並みも広がり、視界が利けば槍ヶ岳もはっきり見える。

　鑪岩からの展望を十分に楽しんだら、荒船山最高峰の経塚山(行塚山)へと向かおう。避難小屋のすぐ先で、左へ相沢・三ツ瀬への道を分

け、まっすぐ進む。山というより高原のなかを行くような、ほとんど平坦な道だ。初夏のころは新緑のなかに、ミツバツツジやズミが花を咲

神津牧場

　内山峠から車で10分ほどにある神津(こうづ)牧場は日本最初の洋式牧場。日本の乳牛とはちょっと違うジャージー牛がのんびりと草を食んでおり、売店では濃厚な牛乳やソフトクリームが味わえる。☎0274-84-2363
8～17時、水曜休。

コース情報　荒船山は登山はもちろん、眺めるのもまた楽しい山だ。国道254号から内山峠へ向かう分岐手前のヘアピンカーブに駐車場があり、そこからは豪快な鑪岩の絶壁を見上げることができる(P85右上の写真)。

▲春の山上を彩るミツバツツジ

▲樹林に囲まれた荒船山最高点の経塚山頂上

かせなんとも美しい。

　やがて荒船山の水源となる小さな沢を渡ってさらに山上台地を進むと、途中、左に少し入ったところに「皇朝最古修武之地」という石碑が立っている。さらに高原を進み経塚入口で星尾峠への道を右に分け、10分ほど登れば④経塚山（行塚山）の頂上に出る。樹林に囲まれておりほとんど展望はないが、石祠と二等三角点が置かれている。

　下山は往路を戻ろう。

荒船の湯

　国道254号沿いにある日帰り温泉施設。ゆったりとした内風呂や山並みを望む露天風呂、打たせ湯、サウナなど充実。湯は含二酸化炭素-ナトリウム-塩化物泉で、神経痛や消化器病、冷え性などの効能がある。食堂では麺類などのほか、なめらかな食感で人気のプリン（1日50個限定）も味わえる。☎0274-67-5577／800円（土・日曜、祝日900円）、10〜20時（土・日曜、祝日〜21時）、無休。

▲荒船山登山口から車で約20分

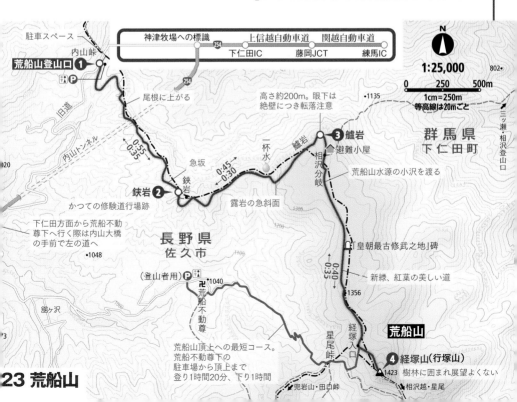

百 (浅間山) 前夜泊　標高 **2524 m**(前掛山)・**2404 m**(黒斑山)　群馬県・長野県　P181-D5

24 前掛山・黒斑山

まえ かけ やま・くろ ふ やま

登山禁止の浅間山の代わりとなる2山に立つ

▲槍ヶ鞘から望む浅間山（前掛山は頂上部中央の高点）。左は第一外輪山のトーミの頭

登山口まで約180km

練馬IC

↓161km 関越道・上信越道

小諸IC

↓19km 県道79・80号、チェリーパークライン

車坂峠

緯度 36° 24′ 19″
経度 138° 28′ 10″

🚗 **プランニングのヒント**

歩行時間が長いだけに、車坂峠周辺の宿泊施設に前泊したい。スタートが遅い場合は前掛山の往復をカットする。帰路のJバンド～トーミの頭間は左手が切り立った外輪山の火口縁をたどる。難所というほどではないが、歩く際（特に悪天候時）は要注意。初級者は黒斑山への登頂だけでも十分楽しめる。

登山口詳細MAP

駐車場情報　車坂峠にある高峰高原ビジターセンター（約30台）と高峰マウンテンホテル（約50台・車坂峠まで徒歩10分）の無料駐車場を利用する。高峰高原ホテルの駐車場（約40台）は宿泊者優先。

山のプロフィール

群馬・長野県境の前掛山と黒斑山は、ともに日本百名山・浅間山（活火山のため登頂禁止）の外輪に位置する。前者は大きな火口を有する山頂部が眼前に迫り、後者は均整のとれた浅間山の山体を眺めることができる。登山適期は6月中旬～10月下旬。

●問合せ先＝こもろ観光局☎0267-22-1234

歩行時間	8時間20分
歩行距離	13.6km
累積標高差	登り＝1330m 下り＝1330m
登山難易度	上級★★★★
参考地図	車坂峠／浅間山

浅間山は活火山だけに、気象庁の噴火警戒レベルが2の場合、本コースの賽の河原分岐～前掛山間は登山禁止となる（2023年11月現在レベル2のため登頂禁止）。また、登山の際は万が一に備え、ヘルメットを用意しておきたい(高峰高原ホテルと高峰高原ビジターセンター、火山館ではヘルメットの無料貸し出しあり)。

標高1973mの**❶車坂峠**が起点。登山口で登山届を提出して出発する。案内に従い表コースに入り、岩混じりの赤茶けた火山礫の道を登っていく。車坂山を越えてなおも標高を上げていくが、足元にはコマクサやイワカガミをはじめとする高山植物が咲き、振り返れば籠ノ登山や水ノ塔山、北アルプスなどが見渡せる。

道は傾斜を増し、やがてかまぼこ型の避難壕に出る。その先の槍ヶ鞘で視界が開け、右が切れ落ちた道を下って登り返せば**❷トーミの頭**。

展望を楽しんだら黒斑山方面へわずかに下り、右の草すべりへと入る。浅間山を見ながら標高差約350mもの急な下りを慎重にこなし、**❹湯の平口分岐**へ。めざす前掛山へは左に進む。右の道をわずかに進むと、トイレがある火山館（P91コラム参照）が立っている。

アヤメやアザミが咲く湯の平をあとにカラマツ林内の道を進むと、帰路にたどるJバンドへの道と前掛山への道が分かれる**❹賽の河原分岐**

▲車坂峠の一角にある登山口。登山届入れもある

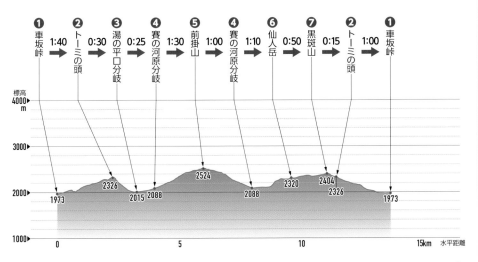

❶車坂峠	1:40	❷トーミの頭	0:30	❸湯の平口分岐	0:25	❹賽の河原分岐	1:30	❺前掛山	1:00	❹賽の河原分岐	1:10	❻仙人岳	0:50	❼黒斑山	0:15	❷トーミの頭	1:00	❶車坂峠

標高
4000m
3000
2000
1000
0   5   10   15km 水平距離

1973 2326 2015 2088 2524 2088 2320 2404 2326 1973

コース情報　コース中のトイレは、車坂峠にある高峰高原ホテル裏のチップ制トイレと高峰高原ビジターセンター（8～17時）、コース途中の湯ノ平口にある火山館の3カ所。

▲賽の河原分岐。2023年11月現在ここから前掛山へは通行止め

▲浅間山に関する資料を展示する火山館。時間があれば立ち寄りたい

▲前掛山への登りから見る黒斑山（左）〜仙人岳へと続く第一外輪山。カルデラ底の湯の平にはカラマツ林の黄葉が広がっている

に着く。ここを直進し、樹林を抜けると火山岩混じりの登りに変わる。前掛山へと続く荒涼とした山容が間近に迫ってくると傾斜が増し、火山礫のすべりやすい道をひたすら登っていく。ようやく登り切った地点には立入禁止の看板があり、ここから右の第二外輪山を進んでいく。避難壕を過ぎ、砂礫のやせた尾根を行くと大展望の❺前掛山にたどり着く。眼前にある浅間山本峰からの噴気が漂い、この山が活火山であることが実感できるだろう。

　復路は❹賽の河原分岐まで下り、右のJバンド方面へ進む。右に浅間山、左に第一外輪山を見ながら標高を徐々に上げ、最後にJバンドの岩場の急登をこなすと鋸岳への分岐に出る。

浅間山の北斜面を下った溶岩流の跡を見ることができる鋸岳へはすぐなので、往復してこよう。

　分岐からは第一外輪山をたどって黒斑山をめざし、火口縁を進む。左右に広がるパノラマを楽しみながら歩ける道だが、左手が切れ落ちているので気を抜かないようにしたい。

　❻仙人岳、ついで蛇骨岳を越えて樹林のなかを行くと第一外輪山最高点の❼黒斑山に立つ。浅間山の勇姿が眺められるが、狭い頂上だけに転落には要注意。

　黒斑山から❷トーミの頭に下り、すぐ先の分岐を右の中コースへと進んでいく。ところどころ歩きづらい箇所や急な下りがあるが、おおむねゆるやかな下りで❶車坂峠へ。

◀火山地形が広がる第二外輪山を行く登山者。前方の高みが前掛山（2023年11月現在浅間山の噴火警戒レベルが2のため登頂不可）

▼前掛山手前の避難壕。緊急用につき休憩には使用しないこと

コース情報　前泊は車坂峠の高峰高原ホテル☎0267-25-3000と高峰マウンテンホテル☎0267-23-1712、車坂峠西方の高峰温泉☎0267-25-2000がベスト。高峰高原ホテルと高峰温泉は立ち寄り入浴ができる。

高峰高原ビジターセンター＆火山館

車坂峠にある高峰高原ビジターセンターには、浅間山周辺の登山や自然を知り尽くしたスタッフが常駐している。登山用品や山バッジなどを扱う売店のほか、地元食材を使用したカフェも。☎0267-23-3124　8〜17時(冬期短縮)、無休（冬期は木曜休）。草すべり東直下の湯の平口にある火山館は木造2階建てのログハウスで、噴火時の避難壕を兼ねている。館内では、学習施設として浅間山に関する資料を展示している。☎080-1004-7817／月・火曜休（休館日も緊急対応可）。

▲高峰高原ビジターセンター

ETCドライブ割引「ドラ割」

高速道路には深夜や休日割引（P41コラム参照）以外にも、ぜひ活用したい割引がある。NEXCO東日本のドライブ割引「ドラ割」（ETC搭載車限定で要事前登録）で、発着エリアと対象エリア間の高速料金が定額かつ対象エリア内でのICの乗り降りが何度でも自由。有効期限が2日もしくは3日なので、ある山に登った翌日に対象エリア内の別の山に移動しても、高速料金が生じないメリットがある。また、提携先の温泉・宿泊施設などでの料金の割引も受けられる。

▲詳細はNEXCO東日本のホームページを参照のこと

24 前掛山・黒斑山

鋸岳〜トーミの頭は眺めのよい火山縁をたどるが、左手の火口側への滑落に注意

N

1:50,000

0　500　1000m
1cm＝500m
等高線は20mごと

滑りやすい火山礫の道。下山時は要注意

浅間山頂上へは立ち入り禁止

蛇骨岳の山頂標柱

仙人岳

鋸岳
2254

Jバンド

群馬県
嬬恋村

2001

蛇骨岳
2366

アヤメやアザミなど花が多い

浅間山の勇姿

黒斑山
2404

トーミの頭

賽の河原

賽の河原分岐

浅間山
2568

避難壕(釜山)
2478

2524

前掛山

浅間山本峰や黒斑山など360度の展望

水ノ塔山
2202

高峰高原
高峰高原マウンテンパークスキー場

高峰温泉

高峰高原ビジターセンター

高峰マウンテンホテル

1987

中コース

車坂峠

湯の平口分岐

湯の平

車坂山

高峰高原ホテル前

表コース
コマクサ

槍ヶ鞘
避難壕

火山館
避難壕

湯の平口分岐から往復10分！

高峰山
2106

高峰神社

立ち寄り入浴可

2005

赤ゾレの頭

草すべり
急な下り

高峰高原ホテル

高峰高山植物園

小諸市

チェリーパークライン

1852

二の鳥居

牙山

天狗の露地

剣ヶ峰
2281

軽井沢町

2200

2300

2111

噴火警戒レベルによって登れる範囲が変わるため、自治体、気象庁の情報を確認すること

不動の滝

2101

一の鳥居

1924

1645

浅間山荘〜湯の平分岐間、登り2時間25分、下り2時間10分

有料

天狗温泉・浅間山荘
1454

立ち寄り入浴可

浅間登山口

長野県
御代田町

1681

1918

1900

1679

血の池

1668
石尊山

森林管理署専用道

上信越自動車道　　　関越自動車道

小諸市甲 — 80 — 小諸IC北 — 75 — 小諸IC — 藤岡JCT — 練馬IC

25 妙高山・火打山

みょう こう さん ひ うち やま

個性あふれる頸城三山の日本百名山2座を歩く

▲池塘が点在する天狗の庭から見上げた秋の火打山

登山口まで約268km

練馬IC	
↓251km	関越道・上信越道
妙高高原IC	
↓17km	国道18号、県道39号
笹ヶ峰（火打山・妙高山登山口）	

緯度 35° 42′ 50″
経度 138° 21′ 12″

プランニングのヒント

初日から7時間以上歩くので、できれば前泊したい。その際は、駐車場近くに宿泊施設やキャンプ場がある。体力に自信があれば高谷池のテント泊もおすすめ。ロケーションに恵まれ、水も豊富で快適だ。登山の際、自然環境保全を目的とした入域料（500円・任意）の協力をお願いしている。

登山口詳細MAP

駐車場情報 | 笹ヶ峰の火打山・妙高山登山口に登山者用の駐車場、すぐ先のキャンプ場にも駐車場（トイレあり）がある（計約150台、ともに無料）。収容台数は多いが、ハイシーズンの週末を中心に満車になることもある。

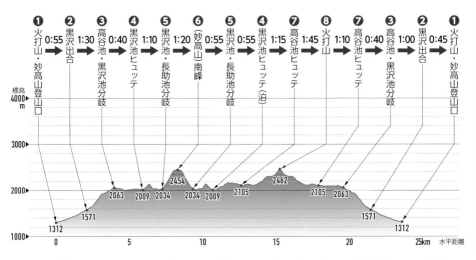

山のプロフィール

男性的なスタイルの妙高山と花の咲き競う火打山、活発な火山活動の焼山は頚城三山とよばれ、新潟を代表する名山。妙高山と火打山は単独なら日帰り登山が可能だが、隣り合っているので山小屋泊での縦走がベスト。登山適期は7月中旬〜10月下旬。

●問合せ先＝妙高観光局☎0255-86-3911

歩行時間	1日目＝7時間25分 2日目＝6時間35分
歩行距離	**23.6**km
累積標高差	登り＝2212m 下り＝2212m
登山難易度	**中級★★★★**
参考地図	妙高山／湯川内

1日目▶ 笹ヶ峰の一角にある**❶火打山・妙高山登山口**からシラカバ林を抜ける。**❷黒沢出合**の先から十二曲りとよばれる九十九折の急登が続き、段差の激しい箇所も越えていく。ひたすら登り、**❸高谷池・黒沢池分岐**（富士見平）を黒沢池方面へ折れ、ゆるやかな湿原を行くと**❹黒沢池ヒュッテ**に着く。宿泊手続きを済ませたら荷物を軽くして、まずは妙高山へ向かう。樹林帯を登って大倉乗越を越え、ロープのあるトラバース道を慎重に下降する。下り着いた**❺黒沢池・長助池分岐**を過ぎると、妙高山への急登が始まる。木の根が張り出したワイルドな急坂を登ると、ようやく妙高山の北峰に達し、岩の庭園のような花の道をわずかに進むと最高峰の妙高山**❻南峰**に着く。頂上からめざす火打山を眺め、往路をたどって**❹黒沢池ヒュッテ**に戻る。

2日目▶ 茶臼山を越え、**❼高谷池ヒュッテ**へと向かう。余分な荷物をデポし、木道を歩いて天狗の庭へ。火打山を映す池の縁の湿原を通り、ひと登りすると小さな広場の雷鳥平に着く。花に覆われた道を急登していくと、ようやく好展望の**❽火打山**に達する。この先の影火打方面へはコース未整備のため、ここから引き返す。

❼高谷池ヒュッテへと戻り、**❸高谷池・黒沢池分岐**を経て往路を下ろう。

▲妙高山南峰頂上。後方は火打山(中央奥)と焼山(左奥)

❶火打山・妙高山登山口 → 0:55 → ❷黒沢出合 → 1:30 → ❸高谷池・黒沢池分岐 → 0:40 → ❹黒沢池ヒュッテ → 1:10 → ❺黒沢池・長助池分岐 → 1:20 → ❻(妙高山)南峰 → 0:55 → ❺黒沢池・長助池分岐 → 0:55 → ❹黒沢池ヒュッテ(泊) → 1:15 → ❼高谷池ヒュッテ → 1:45 → ❽火打山 → 1:10 → ❼高谷池ヒュッテ → 0:40 → ❸高谷池・黒沢池分岐 → 1:00 → ❷黒沢出合 → 0:45 → ❶火打山・妙高山登山口

標高
4000m

3000▶

2454 2462

2063 2009 2034 2034 2009 2105 2105 2063

2000▶

1571 1571

1312 1312

1000▶

0 5 10 15 20 25km 水平距離

コース情報　紹介したコース上には2軒の山小屋が立ち、いずれの山小屋にもテント場が用意されている。黒沢池ヒュッテ☎0255-86-5333。高谷池ヒュッテ☎0255-78-7588。ともに宿泊の際は要予約。

入門 初級 中級 上級

糸魚川市

黒菱山 △1949

1734

林道焼山線第2ゲート・笹倉温泉

葬の河原 大曲

水無谷

坊々抱岩 •1876

避難小泊屋岩

2124

鬼ヶ城

活火山だけに、気象庁の噴火警戒レベルをチェックしておきたい

焼山 2400

富士見峠

360度の大展望

火打山 **8** 2462

雷鳥平

1:10 1:45

木道

金山・雨飾山

裏金山 △2122

笹に覆われた道

胴抜切戸

影火打 2384

ハクサンコザクラやワタスゲなど花が多い

8月でも残雪を見る年がある

黒沢池ヒュッテ **4**

地獄谷

ヌルイ沢

火打山～焼山間はコース未整備

天狗の庭

ロックガーデン

1:15

金山谷

裏金山谷

嘉平治岳 △2035

惣兵エ落谷

•1856

高谷池ヒュッテ **7**

高谷池

要煮沸

2171

茶臼山

木道

黒沢池

8

長野県 小谷村

1849

薬師岳 •1802

(鎧山) 老山 △1730

サクラ谷

鍋倉谷

高谷池・黒沢池分岐 **3**

富士見平

0:40

黒沢岳 △2212

要煮沸

0:40

ロープのあるトラバース道。通過注意

携帯トイレブース

弥八山 △1927

一等三角点がある

1:30 1:00

1790

ヒコサの滝

滝沢

杉野沢橋

十二曲り

ひたすらジグザグの急坂が続く

黒沢

2 黒沢出合

真川

笹ヶ峰 △1545

0:55 0:45

1690

赤尾岳 •1441

かりま橋

ブナ原生林の木道歩き

一周歩道分岐

食事つき宿泊可

明星荘

火打山・妙高山登山口 **1**

ニグロ川

アブキ川

乙見湖

休暇村妙高笹ヶ峰キャンプ場

笹ヶ峰

京大ヒュッテ

笹ヶ峰一周歩道

乙見山峠

△1531

笹ヶ峰ダム

笹ヶ峰神社

笹ヶ峰牧場

清水ヶ池

天狗山 △1451

ゴウデ川

曲川

N

1:50,000

0   500   1000m

1cm=500m
等高線は20mごと

1309

関川

26 古賀志山
（こがしやま）

栃木の県都、宇都宮市郊外にある岩をまとった低山

▲赤川ダム越しに望む古賀志山。関東屈指のロッククライミングの山でもある

登山口まで約109km

川口JCT	
↓103km	東北道
宇都宮IC	
↓6km	国道119・293号、市道

宇都宮市森林公園駐車場

緯度 36°37′10″
経度 139°47′36″

プランニングのヒント

頂上部の富士見峠〜古賀志山〜御岳間には岩場があり、なかでも御岳の直下にはハシゴとクサリがあるので、苦手な人は御岳をカットしてもよい。山中には登山道が数多くあり、コースによっては険しい岩場もある。迷い込んで遭難するケースがあとを絶たないだけに、数多くある分岐では必ず自分が進む方向を確認することが重要。

登山口詳細MAP

駐車場情報

宇都宮市森林公園の無料駐車場を利用する。公園のメイン駐車場（約250台）は開場時間が7時30分〜18時（11〜3月は8時30分〜17時）のため、開場時間前に到着した場合は森林公園通り向かいの駐車場（約50台）を利用する。

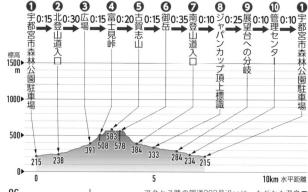

❶宇都宮市森林公園駐車場 0:15 ❷北登山道入口 0:30 ❸広場 0:15 ❹富士見峠 0:20 ❺古賀志山 0:15 ❻御岳 0:35 ❼南登山道入口 0:10 ❽ジャパンカップ頂上標識 0:25 ❾展望台への分岐 0:10 ❿管理センター 0:10 ❶宇都宮市森林公園駐車場

コース情報　アクセス路の国道293号沿いに、ただおみ温泉☎028-665-3355（10〜21時、木曜休）と、湯処あぐり（道の駅うつのみやろまっちく村内）☎028-665-8181（10〜21時、第2火曜休）がある。

山のプロフィール

栃木県宇都宮市北西部にある岩山で、標高600m弱の低山ながらすばらしい景観が楽しめる。クサリのある岩稜など危険なコースもあるが、ここでは比較的危険箇所の少ない北コースと南コースをつなぐ周回を紹介する。登山適期は盛夏と降雪直後を除く通年。

●問合せ先＝宇都宮市観光交流課☎028-632-2456

歩行時間	3時間5分
歩行距離	7.1km
累積標高差	登り＝486m 下り＝486m
登山難易度	初級★★★
参考地図	大谷

❶宇都宮市森林公園駐車場から車道を進む。第一キャンプ場を過ぎた先の二股で左の道を行くと❷北登山道入口で、右へ延びる新しい林道に入る。数分で古い林道に合流し、ゆるやかに標高を上げていく。❸広場からはガレ場や木の根に注意しながら登り、最後に急な丸太階段を上がると稜線上の❹富士見峠に出る。進路を南に変え、露岩の急登をこなすと分岐に出る。左は宇都宮市街や筑波山を望む東稜見晴台だ。分岐からはひと登りで❺古賀志山頂上。

古賀志山からは西に延びる尾根をたどり好展望の❻御岳を往復するが、御岳の直下は鉄バシゴとクサリがある岩稜帯だ。御岳から途中の分岐まで戻り、南コースへ。下り着いた❼南登山道入口から古賀志林道を進み、自転車競技の❽ジャパンカップ頂上標識が立つ地点で再び登山道へ。ゆるやかに下ると❾展望台への分岐で、直進しても左に下っても森林公園の❿管理センターの下で合流する。管理センターからは赤川ダム堤を渡り、右に行くと❶宇都宮市森林公園駐車場はすぐ。

▶二等三角点やベンチがある古賀志山の頂上。樹林に囲まれており展望はいまひとつ

▼富士見峠手前のガレ場の急登

26 古賀志山

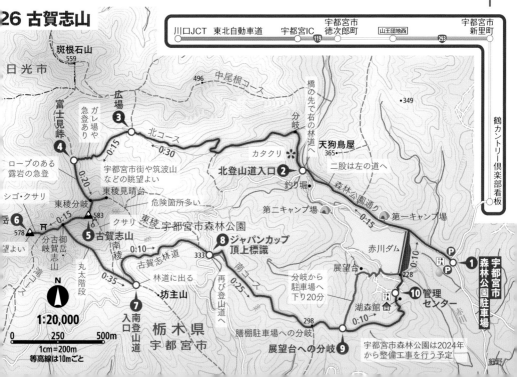

1:20,000

0 250 500m

1cm＝200m
等高線は10mごと

宇都宮市森林公園は2024年から整備工事を行う予定

川口JCT　東北自動車道　宇都宮IC　宇都宮市徳次郎町　山王団地西　宇都宮市新里町

斑根石山 559
日光市
中尾根コース 496
広場 ❸
ガレ場や急登あり
富士見峠
❹
ロープのある露岩の急登
バシゴ・クサリ
宇都宮市街や筑波山などの眺望よい
東稜見晴台
東稜分岐 583
❻ 578
望よい
古御岳
御岳分岐
❺古賀志山
クサリ
東稜 宇都宮市森林公園
南稜
丸太階段
坊主山
❼入南口登山道
古賀志林道
林道に出る
❽ジャパンカップ頂上標識 333
再び登山道へ
分岐から駐車場へ下り20分
展望台
膳棚駐車場への分岐
❾展望台への分岐
栃木県
宇都宮市

北コース
0:15　0:30
0:20
0:15
0:10
0:35
0:25

橋の先で右の林道へ
分岐
天狗鳥屋 365
カタクリ ✳
❷北登山道入口
二股は左の道へ
釣り堀
第二キャンプ場
森林公園通り
第一キャンプ場
0:15
349
赤川ダム
228
❶宇都宮市森林公園駐車場
P
❿管理センター
湖森館
298
0:10
0:10

鶴カントリー倶楽部看板

（帝釈山）前夜泊　標高 **1971** m（田代山）・**2060** m（帝釈山）　栃木県・福島県　P178-C3

27 田代山・帝釈山
た　しろ　やま　たい　しゃく　さん

山麓の温泉で1泊し、花々が咲き誇る高層湿原とパノラマの頂をめざす

▲広々とした田代山湿原を歩く。湿原の向こうの雪山は会津駒ヶ岳から三岩岳にかけて

登山口まで約222km

川口JCT	
↓139km	東北道
西那須野塩原IC	
↓65km	国道400・121・352号
舘岩郵便局前	
↓18km	県道350号
猿倉登山口	

緯度 36°58′25″
経度 139°29′59″

プランニングのヒント
　田代山・帝釈山へは2つの登山口がある。一つは舘岩の猿倉登山口、もう一つは檜枝岐の馬坂峠だ。前者のほうが最寄りのICから20kmほど近いだけに一般的。ただし後者の馬坂峠の周辺はオサバグサが多いので、6月中旬の開花期は馬坂峠を起点に帝釈山だけを往復してもよい。

登山口詳細MAP

駐車場情報｜猿倉登山口の駐車場は2カ所に分かれていて、北側には30〜40台、さらに300m南側に10〜15台の駐車が可能。いずれも無料。トイレは北側の駐車場にある。

山のプロフィール

福島と栃木の県境にある田代山と帝釈山は、ともにアクセスに恵まれず通好みの山だったが、駐車場が整備され、田代山の広大な山上湿原や帝釈山からのパノラマを手軽に味わえるようになった。花や展望、温泉など楽しみの多い山だ。登山時期は6〜10月。

●問合せ先＝南会津町舘岩総合支所振興課☎0241-78-3330

歩行時間	5時間40分
歩行距離	8.8km
累積標高差	登り＝829m 下り＝829m
登山難易度	初級★★★
参考地図	帝釈山

コース中に通過困難箇所はないが、6時間近く歩かなければならないため、体調を十分整えて入山したい。2000mを超える山でもあり、突然の気象変化にはしっかりした備えを。最寄りのICからのアクセスが長いだけに、山麓の湯ノ花温泉などに前泊したい。近年は日本固有種のオサバグサの群生が見られる山として、人気が高まっている。最近は熊の出没も多いようで、

単独行のときや平日の登山者の少ないときは、鈴をつけるなどの対策をとって入山しよう。

❶猿倉登山口から登山道に入ったらすぐに沢を渡り、沢沿いの斜面を登る。沢から離れ、右手にある水場を通り過ぎると、山腹の急な登りになる。歩き始めてすぐの急登に息が切れるが、尾根筋に出ればやや傾斜はゆるくなり、やがて樹間越しに日光連山や那須の山々が見えてくる。

▲猿倉登山口北側の駐車場。トイレもある

▲小田代に入る直前の木道を歩く。正面は田代山

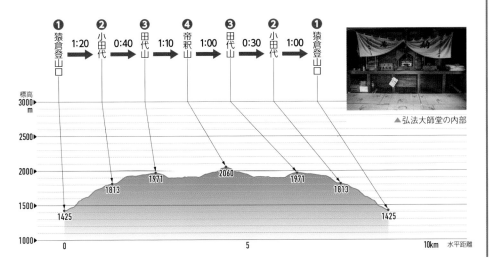

❶猿倉登山口 →1:20→ ❷小田代 →0:40→ ❸田代山 →1:10→ ❹帝釈山 →1:00→ ❸田代山 →0:30→ ❷小田代 →1:00→ ❶猿倉登山口

▲弘法大師堂の内部

標高 3000m / 2500m / 2000m / 1500m / 1000m
1425 / 1813 / 1971 / 2060 / 1971 / 1813 / 1425
0 / 5 / 10km　水平距離

▲田代山頂上（1926m）を示す道標。最高点や帝釈山へは左（手前）に進む

　正面に台形の田代山頂上部が見えてくれば、もう**❷小田代**の一角。コイワカガミやタテヤマリンドウなどの咲く木道となるが、木道歩きはすぐに終わり、再び樹林帯の急登が始まる。

　ひと汗かかされたころ、樹林が消えて開放的な空間が広がる。木道をゆるやかに登ったところが田代山湿原で、どこが頂上かわからないほどの広大さに、誰もが歓声を上げることだろう。北西には会津駒ヶ岳、南には日光連山が姿を見せている。

　田代山湿原の木道は反時計回りの一方通行になっているので、周回路に突き当たったら右へと歩く。弘法沼を右に見ながら周回すると、「田代山頂 1926米」と書かれた道標が現れるが、最高点の1971mはこの先に立つ弘法大師堂（避難小屋）の地点となるので、このガイドでは1971m地点を頂上とした。

　木道を半周し、樹林に入って少し歩けば、弘法大師堂の立つ**❸田代山**の頂上で、チップ制のトイレもある。

▲帝釈山頂上から見た燧ヶ岳（左）と会津駒ヶ岳（右の雪山）

◀帝釈山頂上から田代山へと続く稜線を望む

コース情報　馬坂峠へのアクセスは、舘岩郵便局前までは田代山と同じ。馬坂峠へは国道352号を檜枝岐村中心部へ進み、燧の湯の看板がある分岐を左折して林道川俣檜枝岐線に入る（西那須野塩原ICから約105km）。

▲白く可憐な花を咲かせるオサバグサ。最盛期は6月中旬

弘法大師堂の脇から帝釈山に向かう。道はすぐに急な下りとなるが、6月の中旬ごろともなれば、早くもこのあたりからオサバグサの群落を見ることができる。

道は樹林帯のなかを、ほぼ稜線をたどって帝釈山に向かう。しばらく歩くと道は最後の登りに入り、露岩の目立つやせた尾根を登り切れば、当コースの最高点、**④帝釈山**（たいしゃくさん）にたどり着く。会津駒ヶ岳や燧ヶ岳、日光連山などの眺めを存分に楽しみたい。

帰りは往路を戻ることになるが、帝釈山へは頂上南側の檜枝岐村馬坂峠（ひのえまた うまさかとうげ）からも登山が通じている。峠から頂上まで約50分で登れるコースだ。広い駐車場もある（峠へのアクセスはP100「コース情報」参照）。

湯ノ花温泉と木賊温泉

田代山の北麓に湧く湯ノ花温泉と木賊（とくさ）温泉には、手軽に立ち寄れる共同浴場がある。湯ノ花温泉には弘法の湯と湯端の湯、石湯、天神湯の4施設があり、1枚300円の入浴券ですべての施設が利用できる（当日限り）。木賊温泉には共同浴場で混浴の露天岩風呂（300円）がある。☎0241-64-5611（南会津町観光物産協会舘岩観光センター）。

▲湯ノ花温泉・弘法の湯

林道の安全な車の走り方

自然たっぷりの林道は、一方で危険もいっぱい。トラブルに陥らないためのヒントを紹介しよう。

①台風、豪雨のあとの林道や山間部の道路は、土砂崩れや倒木で通行止めになっていると思ったほうがいい。役所などから情報収集するとともに、1週間程度の山行の先延ばしを検討するべき。

②夜間や雨天時（とくに未舗装路）はできるだけ走らない。

③路面に真新しい石や角の尖った石が見える場所は落石の危険がある。崖側の窓を閉め、すみやかに通過する。

④道路に落ちている石はできるだけ踏まないように。尖った石でパンクする危険がある。

⑤雷雨などが予想されるときは、道路下を横切る沢の増水で帰れなくなる可能性がある。登る山を変えるなどの対応を。

⑤携帯電話はつながりづらい。もしつながってJAFをよぶ場合は「＃8139（しゃーぶはいさんきゅー）」で。

▲水たまりは思ったより深いこともある

27 田代山・帝釈山

N
1:50,000
0 500 1000m
1cm=500m
等高線は20mごと

福島県
南会津町

舘岩郵便局前
南会津町糸沢
西那須塩原IC
日光市上三依
東北自動車道
川口JCT

湯ノ花温泉

湯ノ花温泉先の水引集落〜猿倉登山口間は一部未舗装

田代山の三角点（三等）

お花畑
▲1926
②小田代
←1:20
1:00→

弘法沼
0:40
弘法大師堂

貴重な給水ポイント

0:30

ハシゴあり
オサバグサ

田代山③
1971 田代山湿原
←1:10
1:00→

帝釈山④
会津駒ヶ岳や日光連山を展望
▲2060

木道が敷かれている。反時計回りの一方通行

①猿倉登山口

檜枝岐村
オサバグサ

帝釈山への最短コース。馬坂峠〜帝釈山間は登り50分、下り40分

林道川俣檜枝岐線

馬坂峠

小ピークの北側を通る

栃木県
日光市

県道350号の栃木県側は2023年11月現在法面崩壊により通行止め

㉘ 会津駒ヶ岳

（あいづこまがたけ）

山頂部一帯に湿原が広がる日本百名山の一峰に最短コースで立つ

▲木道が延びる駒ノ池畔からの会津駒ヶ岳

登山口まで約230km

川口JCT	
↓139km	東北道
西那須野塩原IC	
↓40km	国道400・121号
南会津町糸沢	
↓51km	国道352号、村道駒ヶ岳線
滝沢登山口	

緯度 37°01′47″
経度 139°22′57″

プランニングのヒント

最寄りICとなる東北道西那須野塩原ICから滝沢登山口まで下道を100km近く走るだけに、首都圏を早朝の4時ごろに出ても、現地に着くのは8時前。登山も休憩時間を含めると9時間近いので、前泊がベスト。できればもう1泊して、田代山（P98参照）や尾瀬の燧ヶ岳（P106）も併せて登りたい。

登山口詳細MAP

駐車場情報　滝沢登山口手前に駐車スペースが点在（計約20台）。満車時は国道352号沿いの檜枝岐村営グラウンドに車を停め、徒歩で登山口へ（登り30分、下り20分）。トイレは国道と滝沢登山口への村道の分岐にある。

山のプロフィール

尾瀬への北の玄関口として知られる檜枝岐。その北西に位置するのが会津駒ヶ岳だ。頂上から中門岳へと続くたおやかな稜線には、池塘がきらめく湿原が広がり、可憐な花々が咲き競う雲上のプロムナードが展開する。登山適期は7月上旬～ 10月中旬。

●問合せ先＝檜枝岐村観光課☎0241-75-2503

歩行時間	7時間55分
歩行距離	11.3km
累積標高差	登り＝1198m 下り＝1198m
登山難易度	中級★★★★
参考地図	檜枝岐／会津駒ヶ岳

x

x

会津駒ヶ岳から中門岳へ続くたおやかな山稜は、まさに楽園とよぶにふさわしい。そこには大小の池塘がきらめく広大な山上湿原が展開し、夏には可憐な高山植物が咲き競い、そして秋には鮮やかな草紅葉にもえる。雄大な展望をほしいままに、湿原を縫う木道をのんびりと歩む至福の時間を堪能したい。

会津駒ヶ岳への一般的な登山コースは、御池、キリンテ、駒ヶ岳登山口からの3コースがあるが（いずれも福島県檜枝岐村）、ここでは駒ヶ岳登山口のさらに上部にある滝沢登山口からの往復コースを紹介する。このコースは会津駒ヶ岳への最短コースで、マイカー登山にも最適だ。ただし、最短コースとはいえ行程が長く、やや遠隔地でもあるため、山麓の檜枝岐での前泊または、稜線に立つ駒の小屋で1泊するプランをおすすめする。

❶滝沢登山口から駒ノ池のある稜線までの標高差は約1000mもあり、そこまでは急傾斜の登りが続くが、道はよく整備されている。登山口からの長い階段を上がり切り、ブナの原生林が広がる斜面を九十九折に登っていく。やがてベンチのある広場に出る。木立ちに「水場」の標識がある。ここはコース中唯一の❷水場で、左手に少し下ったところに、小さな岩穴から清

▲長い階段から始まる滝沢登山口

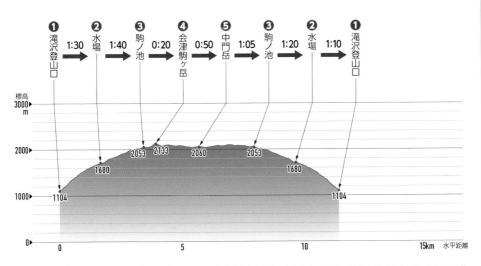

| ❶ 滝沢登山口 | →1:30 | ❷ 水場 | →1:40 | ❸ 駒ノ池 | →0:20 | ❹ 会津駒ヶ岳 | →0:50 | ❺ 中門岳 | →1:05 | ❸ 駒ノ池 | →1:20 | ❷ 水場 | →1:10 | ❶ 滝沢登山口 |

x

標高3000m / 2000 / 2053 / 2133 / 2060 / 2053 / 1680 / 1104 / 1680 / 1104 / 1000 / 0 / 0 / 5 / 10 / 15km 水平距離

コース情報 駒の小屋で1泊してゆったりと稜線歩きを満喫するのもよい。宿泊は素泊まり（寝具つき）のみで、4月下旬～ 10月下旬営業（要予約）。小さな小屋なので週末は混雑する場合もある。☎080-2024-5375

▲駒ノ池の周辺はハクサンコザクラの大群落となっている

▲展望が開けた休憩スペースでひと休み

▲中門岳一帯には大小の池塘が点在している（写真は中門池）

水が湧いている。

　水場をあとに再び急な山道を登っていくと、いつの間にか周囲は針葉樹林に変わっている。一歩一歩着実に高度を稼いでいくと、徐々に傾斜がゆるやかになり、視界もしだいに開けてくる。尾根の右側を進むようになると、ほどなく小湿原が広がり、ベンチが置かれた休憩スペースに出る。前方右手にどっしりとした会津駒ヶ岳の山頂部が望め、木道が続く尾根上には駒の小屋も見える。厳しい登りもここでひと段落だ。

　休憩スペースを過ぎると、池塘がきらめく広大な湿原のなかを進むようになる。左手には尾瀬の燧ヶ岳が鋭い山容を見せ、その右隣には至仏山も望める。湿原の花や展望を楽しみながらゆるやかに登っていけば、ほどなく❸駒ノ池に着く。池の周りにはテーブルとベンチが置かれ、

▲駒ノ池畔に立つ駒の小屋。売店では飲み物などが購入できる

池から一段高い場所に駒の小屋と公衆トイレが立っている。駒ノ池の水面に姿を映す会津駒ヶ岳は絶景だ。また池の周囲に広がる湿原には、7月から8月にかけてハクサンコザクラが見事な群落をつくり、咲き誇っている。

　駒ノ池の横を抜け、会津駒ヶ岳へ向かう。丸く盛り上がる山頂部の左裾を回り込むように木道を行くが、濡れているとすべりやすいので要注意。樹林に入ると右に頂上への階段状の道が分かれる。直進する道は頂上を通らず中門岳へと続く。分岐を右に折れ、わずかに登ると樹林を抜け、❹会津駒ヶ岳頂上に着く。樹林にさえぎられ360度の展望は得られないが、南方向に尾瀬や日光の山々が望める。

　頂上をあとに中門岳方面へ少し下ると、先ほど分かれた道が左から合流する。めざす中門岳

▲日本百名山、会津駒ヶ岳の頂上。奥に燧ヶ岳の鋭い山容が見える

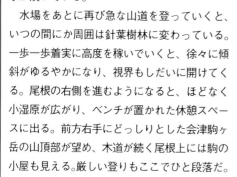

コース情報　駒の小屋からの稜線上に敷かれた木道歩きの際は、壊れかけた箇所の通過やスリップに注意したい。ところどころに駒の小屋の管理人ご夫婦が設置した看板があるので、従って歩くこと。

はこの尾根の末端付近だ。美しい池塘が点在する広大な尾根を上下していくと、大きな池塘がある中門池に着く。標柱には「中門岳」とあるが、最高点はこの少し先だ。池からさらに続く木道をゆるやかに登ると、池塘がある平坦な湿原に出る。ここが❺**中門岳**の最高点（2060m）で、池塘を一周する木道が敷かれている。振り返ると会津駒ヶ岳と燧ヶ岳が並んで見える。

展望を満喫したら、往路を戻ろう。

▲のびやかな稜線に続く木道を中門岳へ向かう（右奥は三岩岳）

山都・檜枝岐を楽しむ

会津駒ヶ岳や燧ヶ岳、帝釈山がある福島県檜枝岐村は、270年以上の歴史を持つ檜枝岐歌舞伎（5月と8月、9月に行われる）や、はっとうや裁ちそばといった味覚など、独自の文化が発展している。温泉もあり、アルザ尾瀬の郷と駒の湯、燧の湯の3軒の立ち寄り入浴施設で汗を流せる。旅館や民宿も多いので、宿泊してゆっくり魅力を堪能しよう。詳細は尾瀬檜枝岐温泉観光協会☎0241-75-2432へ。

▲道の駅尾瀬檜枝岐内の山旅案内所では登山情報が入手できる

登山道で熊に遭遇したら

近年問題になっているのが、登山道での熊の出没。本書で掲載されている山の多くが生息エリアだけに、登山の際は対策をとる必要がある。大切なのは、熊に自分の存在を知らせるということ。そのため、①熊鈴やラジオを鳴らす、②大声を出したり手を叩いたりする、③熊除けスプレーの携帯、などの対策をとりたい。③はすぐ使えるよう、スプレーをザックのウエストベルトに挿しておく。

▲早朝は遭遇するリスクが高い

28 会津駒ヶ岳

N

1:50,000
500   1000m
1cm=500m
等高線は20mごと

❺中門岳 △2060
中門池
「中門岳」の標柱
池塘の点在する高層湿原
大戸沢岳 •2089
燧ヶ岳、至仏山や日光白根山を眺望
❹会津駒ヶ岳 △2133
ハクサンコザクラ
−0:50
−1:05
木道（スリップ注意）
起伏のなだらかな木道が続く、スリップなどに注意
お花畑
駒ノ沢
0:20
△1531
駒ノ池 ❸
駒の小屋
素泊まり
ベンチあり
休憩スペース
•1738
•1553
△1524
❷水場
1:40
1:20
水場へは往復5〜6分
ブナの原生林
1:30
1:30
福島県
檜枝岐村
ヘリポート跡
•1956
•1422
富士見林道
このあたりは花が多い
△1531
大津岐沢
大津岐峠
1945△
滝沢登山口 ❶
下ノ沢
民宿、旅館が多い
•1188
役場前
檜枝岐歌舞伎舞台
上ノ原
キリンテ・尾瀬御池へ▶
燧の湯（日帰り入浴施設）・馬坂峠へ
尾瀬御池へ▶
キリンテへ▶

川口JCT 西那須野塩原IC
東北自動車道
400
日光市上三依
121
南会津町糸沢
352
南会津町内川
道の駅尾瀬檜枝岐
アルザ尾瀬の郷
日帰り入浴施設
道の駅尾瀬檜枝岐前
山旅案内所
村営グラウンド駐車場
駒ヶ岳登山口（滝沢登山口）
檜枝岐村役場
駒の湯 日帰り入浴施設
檜枝岐温泉
有道駒ヶ岳線

29 燧ヶ岳
（ひうちがたけ）

東北地方の最高峰で、尾瀬のシンボル的存在の山

▲俎嵓から見た燧ヶ岳最高点の柴安嵓。俎嵓からは20分ほどで柴安嵓の頂上に立てる

登山口まで約244km

川口JCT	
↓139km	東北道
西那須野塩原IC	
↓40km	国道400・121号
南会津町糸沢	
↓65km	国道352号

御池駐車場

緯度 36°59′02″
経度 139°18′15″

プランニングのヒント
　頂上へは4本の登山道があるが、紹介する福島県側の御池からのコースは、首都圏を早朝に出発すれば唯一日帰りができる。ただし御池までのアクセスが長いだけに、できれば山麓の宿で前泊したい。頂上から尾瀬沼に下り、尾瀬沼東岸を回って沼山峠に出れば、尾瀬の魅力をより味わえる（P109コラム参照）。

駐車場情報　国道352号沿いの御池に有料の駐車場がある（約400台、トイレ・売店などあり）。満車時は檜枝岐側の約7km手前にある七入駐車場（約880台、無料）に駐車して、路線バスかシャトルバスで御池へ向かう。

山のプロフィール

燧ヶ岳は東北地方の最高峰で、尾瀬のシンボル的存在の山。頂上は最高点の柴安嵓、俎嵓、御池岳、赤ナグレ岳、ミノブチ岳の5峰に分かれている。最も登山者が多いのは、駐車場から直接登れる御池からのコースだ。登山適期は6月中旬〜10月下旬。

●問合せ先＝檜枝岐村観光課☎0241-75-2503

歩行時間	**6**時間
歩行距離	**9.4**km
累積標高差	登り=1047m 下り=1047m
登山難易度	**中級**★★★
参考地図	燧ヶ岳

❶**御池駐車場**の西端まで歩くと、燧裏林道の入口がある。ここが登山口だ。トイレは駐車場やコース中にないので、車道の反対側にある山の駅御池のトイレを利用する。

歩き始めて数分で左に道が分かれる。この道が燧ヶ岳への登山道だ。オオシラビソなど針葉樹のなかをゆるやかに登っていくと、しだいに傾斜が増してくる。岩や木の根が露出した歩きづらい箇所も出てくる。展望の利かない急斜面をひたすら登っていくと突然視界が開け、湿原に出る。❷**広沢田代**だ。樹林に囲まれた南北に細長い湿原だが、今まで薄暗い樹林内を歩いてきただけに、ひと際明るく感じられることだろう。

湿原に延びる木道を進んでいくと、左に池塘が現れ、池の縁をモウセンゴケが彩る。青い水、湿原、樹林の緑と美しいコントラストを見せている。池塘を過ぎ、右に回り込むように進むと湿原は終わる。再び岩や木の根が露出した急斜面を登ると、❸**熊沢田代**の湿原に出る。熊沢田代は広大な傾斜湿原で、7月のワタスゲに8月のキンコウカ、9月の草紅葉のころはとくにすばらしい。また、うねるように湿原に延びる木道も印象的だ。湿原の入口からは正面高くにめざす燧ヶ岳の頂上も見え、下方には木道の左右に池塘も見える。

▲御池駐車場の西端にある登山口

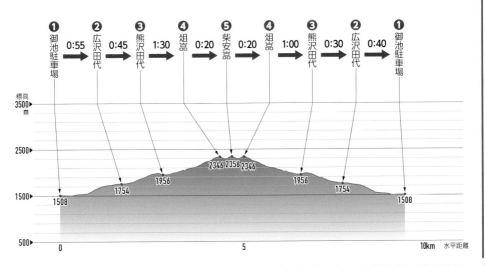

❶御池駐車場		❷広沢田代		❸熊沢田代		❹俎嵓		❺柴安嵓		❹俎嵓		❸熊沢田代		❷広沢田代		❶御池駐車場
	0:55		0:45		1:30		0:20		0:20		1:00		0:30		0:40	

標高 3500m / 2500 / 2346 2356 2346 / 1956 / 1754 / 1508 / 1956 / 1754 / 1508 / 1500 / 500

水平距離　0　　5　　10km

コース情報 登山口の御池に尾瀬御池ロッジがある。B&B（ベッド&ブレックファースト）方式で、夕食の提供はない（夕食用としてのレトルト食品などを販売）。5月下旬〜10月下旬営業。☎080-2844-88/3

▲うねるように木道が延びる熊沢田代

▲柴安嵓頂上。至仏山が前方に、下方には尾瀬ヶ原が広がる

　木道をゆるやかに下っていくと、ベンチのある池塘に出る。右前方には日本百名山の平ヶ岳が見える。池塘からゆるやかに登り、斜上するように左に進んでいく。次に右に登っていくと湿原は終わる。尾根の左斜面を横切るように登り、何度か小沢や涸れ沢を越えていくと、顕著な涸れ沢に出合う。道はこの涸れ沢を登っていく。約200m直上するこの沢は、年によっては7月下旬ごろまで雪が残っているので、スリップしないよう慎重に登ろう。また、残雪がなくても浮き石が多い急斜面だけに、落石を起こさないように心がけたい。

　涸れ沢を登るとやぶに突き当たる。行く手を阻まれるが、ここは左の尾根上に登り、斜面のガレ場を横切る。ミヤマハンノキなど低木が生えた斜面を左方向に上がっていくとハイマツが現れ、尾根上に出る。尾根を左に登ると、岩が露出した❹俎嵓の頂上に到着だ。頂上には祠と二等三角点がある。展望は申し分なく、会津駒ヶ岳や平ヶ岳、日光連山などが一望のもと。とくに印象的なのが、眼下に大きく広がる尾瀬沼と、燧ヶ岳の最高点、柴安嵓の堂々たる姿だ。

　展望を楽しんだら、柴安嵓を往復してこよう。岩床とハイマツの斜面を鞍部まで下り、深くえぐられた急斜面を登れば❺柴安嵓頂上だ。こちらも360度の大パノラマが広がっているが、尾瀬ヶ原の全貌と、その奥に優雅な姿を見せる至仏山はすばらしいのひと言だ。

　十分に楽しんだら往路を引き返すが、往路同様に涸れ沢の通過や落石などに注意したい。

▲コース上部にある涸れ沢は落石や浮き石に注意して進む

▲柴安嵓頂上で休憩する登山者（背景は尾瀬沼）

燧ヶ岳から沼山峠に下る

尾瀬といえば、なんといっても湿原に咲く色とりどりの花。燧ヶ岳とセットで楽しむなら、頂上南面の尾瀬沼に下ってみよう。俎嵓頂上から往路を戻らず、南東の長英新道に入ってひたすら下ると尾瀬沼畔の浅湖湿原に出る。左に進み、尾瀬沼の北岸沿いに行くと尾瀬沼東岸。ここは2軒の山小屋があり、多くのハイカーでにぎわう。周辺を散策したら来た道をわずかに戻り、分岐を右へ。ニッコウキスゲ群落地の大江湿原を抜け、ゆるやかに登ると御池へのバスが待つ尾瀬沼山峠バス停だ。

▲俎嵓から尾瀬沼を俯瞰する

山の駅御池

御池駐車場の車道向かいにある休憩施設で、食料（菓子パン類）・飲料品や尾瀬のおみやげ品などが販売されている。最低限ではあるが登山用品も取り扱っているので、必要な用具を忘れた際に心強い。隣接するぶなの森ミュージアム（入館無料）では、尾瀬の生い立ちや動植物、檜枝岐村の歴史などが詳しく紹介されている。尾瀬に入る前に立ち寄って知識を得れば、より登山が充実すること間違いない。4月下旬〜11月上旬営業（営業期間中は無休）、8時30分〜17時（データは山の駅御池のもの）。

▲登山の前後に立ち寄りたい

30 二岐山
ふた　また　やま

ブナとアスナロの豊饒の森を抜け2つのピークへ。山麓の秘湯も魅力

▲天栄村大平地区の大平橋から見る二岐山（奥）。左が最高峰の男岳、右が女岳

登山口まで約213km

川口JCT	
↓170km	**東北道**
白河IC	
↓28km	**国道4号、県道37号ほか**
羽鳥ダム	
↓15km	**国道118号、村道二岐線**
二岐温泉駐車場	

緯度 37° 14′ 35″
経度 139° 59′ 17″

🚗　**プランニングのヒント**

登山口の二岐温泉へは東北道白河ICから県道37号、国道118号などでアクセスする。首都圏からやや遠い山だけに、渋滞しだいでは登山口の到着が遅くなることも。その場合は周回コースをあきらめ、南面の男岳登山口から男岳を往復する。ベストは山麓の名湯、二岐温泉の前泊だ。

　駐車場情報　二岐温泉街の手前右側に二岐温泉駐車場（約30台）があり、前泊や後泊の場合はここに駐車する。往復登山や日帰り登山の場合は北面の女岳登山口か、南面の御鍋神社入口にある駐車場を利用する。

山のプロフィール

福島県の会津地方と中通りの境に位置する二岐山は、那須連峰から峰続きの北の主稜上にある双耳峰で、「乳房山」ともよばれている。山上に広がるブナの原生林と山麓に湧く秘湯、二岐温泉が魅力の山だ。登山適期は4月下旬～11月上旬。

●問合せ先＝天栄村産業課☎0248-82-2117

歩行時間	5時間55分
歩行距離	10.3km
累積標高差	登り＝939m 下り＝939m
登山難易度	中級★★★
参考地図	湯野上／甲子山

二岐山の2つのピーク（男岳と女岳）が寄り添うように並ぶ、そのほほえましい姿は、どこからでも同定は容易だ。以前は山全体がブナの森であったが、伐採を受け、原生林には無残な姿も見受けられるようになった。それでもなお二岐山の豊かな自然は、登山者を魅了してやまない。今回紹介するコースは車道歩きが長くなるが、車道沿いの森や林も捨てがたく、あえて周回路としている。日帰りも可能だが、登山口の秘湯、二岐温泉への前泊をおすすめしたい。

❶二岐温泉駐車場から、村道二岐線を北上する。撫山荘（2023年11月現在休業中）を過ぎると「二岐山林道起点」の標柱が立つ分岐があり、左上への❷村道二岐岩山線へ入る。未舗装の車道を進んで高度を上げていき、道が右に鋭くカーブする角が簡易トイレと数台の駐車スペースのある❸女岳登山口（風力登山口）だ。

ブナなどの落葉樹林に入ってすぐに木の鳥居をくぐり、ゆるやかな斜面を進んでいく。このあたりは新緑や紅葉が見事な場所だ。ブナの純林に変わると傾斜が増してきて、沿道にロープが現れる。さらに急傾斜となり、九十九折の登りがところどころに出てくるが、そのほとんどが直上する登りだ。この急坂の下部は女岳坂、さらに急路となる上部は地獄坂とよばれ、大き

▲女岳登山口。登山の際はクマ除け対策を万全にしたい

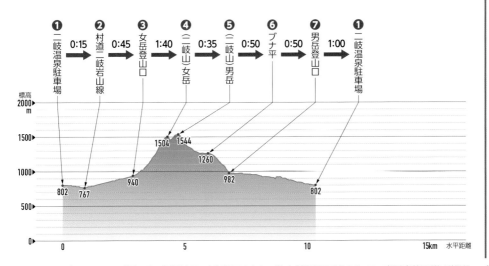

❶ 二岐温泉駐車場 → 0:15 → ❷ 村道二岐岩山線 → 0:45 → ❸ 女岳登山口 → 1:40 → ❹ （二岐山）女岳 → 0:35 → ❺ （二岐山）男岳 → 0:50 → ❻ ブナ平 → 0:50 → ❼ 男岳登山口 → 1:00 → ❶ 二岐温泉駐車場

標高 2000m / 1500 / 1000 / 500 / 0

802　767　940　1504　1544　1260　982　802

0　5　10　15km　水平距離

コース情報　頂上へは、男岳登山口、女岳登山口からのいずれも急登が待ち受けるが、ロープ場の急斜面が続く地獄坂を下るのはよりスリップの危険が高まるので、紹介コース通りに歩くほうがよいだろう。

▲二岐山最高点・男岳頂上

▲山頂部一帯に咲くアズマシャクナゲ

▲笹原のなかにブナの林が広がる笹平

な段差も混じりだす。沿道のロープや枝を手がかりに急坂を登り切ると、小さな石祠のまつられた女岳の肩に出る。背後の視界が開け、ようやくひと息つけるだろう。

肩をあとにしてゆるやかに歩を進めると、また視界は樹林にさえぎられ、曲がり角に標識が立つ❹**女岳**（西岳）の頂上に着く。女岳からは左に向きを変え、男岳との鞍部である笹平へと下りていく。すべりやすい急路なので足元に注意したい。笹平は笹やぶがうるさいときもあり、視界が悪いときは注意が必要だ。笹平からは再び急な登り坂となる。徐々に頭上の開けた低木帯となり、すべりやすい木の根などに注意を払

いながら進む。登り詰めると、二等三角点標石の置かれた❺**男岳**（東岳）に到着する。頂上からは那須連山、大白森、磐梯山、朝日・飯豊連峰などすばらしい展望が広がる。

帰路は、幾重にも峰を重ねる那須連山に向かって下降する。始めはゆるやかだが、すぐに男岳坂の急路となって樹林に没し視界はなくなる。足元には露出する木の根でできた大きな段差もあり、すべりやすい。慎重に下っていこう。

見晴らしのないまま傾斜がゆるんでくると、ぬかるみが現れる。左右に避けながら進むが、突き出た枝などに気をつけたい。傾斜がさらにゆるむと、伐採で開けた平坦地となり、古い作業道跡に下り立つ。そのまま作業道跡をたどると、またブナ林に潜り込む。❻**ブナ平**からしばらくはゆるやかに下降し、ブナ林にアスナロなどの針葉樹やミズナラなどが混じりだすと急坂となり、あすなろ坂、八丁坂と立て続けに下降してゆく。このあたりは二岐山の特徴が最も出ている森だが、道がわかりづらい場所もあるので注意したい。

平坦地に下り立つと、すぐ村道御鍋線の❼**男岳登山口**（御鍋登山口）に出る。二岐温泉へは左へ砂利の車道を下

▼男岳からの女岳と小野岳（左奥）、大戸岳（右）。右下に発電用風車が見える

▲ブナ平から少し下るとアスナロの林が現れる

◀御鍋神社にまつられている大鍋

るだけだが、途中の御鍋神社にはぜひ立ち寄りたい。境内では、「森の巨人たち百選」に選ばれた推定樹齢520年の大サワラが見られる。

小白森登山口と林道を右に見送り、舗装路に出て二俣橋を渡れば、まもなく出発点の❶二岐温泉駐車場(おんせんちゅうしゃじょう)に帰り着く。

道の駅羽鳥湖高原

アクセス路の県道37号沿いにある。生産物直売所では天栄ネギやヤーコンとその加工品など、天栄村の特産物を販売している。食堂もあり、名物のヤーコンソフトクリームが人気。
☎0248-85-2547　8～18時(生産物直売所)。

▲売店コーナーも充実(写真提供：うつくしま観光プロモーション推進機構)

秘湯・二岐温泉

平安時代の開湯とも伝えられる二岐温泉は秘湯中の秘湯として知られ、二俣川べりに軒を連ねる6軒(1軒は2023年11月現在休業中)の個性あふれる宿からなる。湯は、二俣川の川底や河原から自然湧出しており、各旅館が源泉をもつほど湯量は豊富だ。川べりには多くの露天風呂が散在している。泉質は硫酸塩泉で、動脈硬化症や切り傷、やけど、神経痛、関節痛などに効果があるとされる。山深い温泉地らしく、食膳には山の幸も多くのる。立ち寄り入浴できる宿もある。宿泊施設については天栄村観光協会ホームページを参照のこと。

▲下山後に宿泊して疲れを癒やすのもおすすめ

（一切経山）前夜泊　標高 **1949 m**（一切経山）・**1975 m**（東吾妻山）　福島県　P179-A5

31 一切経山・東吾妻山
いっさいきょうざん　ひがしあづまやま

天然記念物ネモトシャクナゲをはじめとする花々と大展望の連峰へ

▲吾妻小富士から見た秋色の浄土平と噴煙を上げる一切経山

登山口まで約285km

川口JCT	
↓255km	**東北道**
福島西IC	
↓7km	**国道115号、県道5号**
薬師田交差点	
↓23km	**県道70号（磐梯吾妻スカイライン）**
浄土平	

緯度 37° 43′ 24″
経度 140° 15′ 21″

　プランニングのヒント
　吾妻山の噴火警戒レベルが2の場合、本コースは通行止めとなる。登山前に気象庁のホームページで現況を確認しておく。東吾妻山〜景場平間はぬかるみが多く、スパッツがあると便利。雨の日や雨後は東吾妻山から姥ヶ原へ戻り、直接浄十平へ向かう道を歩くほうがいいだろう（東吾妻山から約1時間30分）。

登山口詳細MAP

駐車場情報　メインとなる磐梯吾妻スカイライン沿いの浄土平駐車場（約300台）のほか、満車時は天文台の奥に臨時駐車場（約200台、未舗装）が開放される（ともに有料）。トイレは高湯側出入口付近にある。

山のプロフィール

山形・福島の両県に東西に連なる吾妻連峰。一切経山と東吾妻山は火山景観が際立つ東の福島県側にあり、山岳道路が通り抜けて登りやすく、多くの登山者に親しまれている。ただし火山活動が活発な山だけに注意したい。登山適期は6月上旬～10月中旬。

●問合せ先＝福島市観光コンベンション協会☎024-531-6428

歩行時間	6時間10分
歩行距離	12.2km
累積標高差	登り＝682m 下り＝682m
登山難易度	中級★★★
参考地図	土湯温泉／吾妻山

日本有数の山岳観光道路・磐梯吾妻スカイライン。そのほぼ中間、標高約1600mの浄土平は吾妻連峰の山岳観光の拠点で、レストハウスやビジターセンター、天文台、売店などの施設が並ぶ。広い駐車場も完備し、マイカー登山には絶好のロケーションとなっている。ここから一切経山と東吾妻山を結ぶ周回コースを紹介しよう。日帰りも可能だが、吾妻小舎や高湯での前泊がおすすめだ。

❶浄土平の駐車場から登り始める。稜線へと登るコースのうち右側の一切経山へのダイレクトコースは2023年現在閉鎖中で、酸ヶ平を経由するコースを利用する。

背後に口を開けた吾妻小富士、噴煙立ち昇る一切経山を右側の沢越しに見ながら、歩きにくい火山礫の石ころを踏みながら登ってゆく。木製の階段から木道を進むと、一切経山と蓬莱山

との間に開けた湿原の❷酸ヶ平に出る。一角に分岐があり、右に折れて木道をわずかに進むと酸ヶ平避難小屋（トイレあり）が立っている。

小屋の裏手から小沢を渡って、泥と小石混じりのすべりやすい急登に取り付く。ひと登りすると閉鎖中のダイレクトコースと合わさり、岩がゴロゴロした火山裸地帯をゆるやかに登っていく。やや急な火山砂礫を踏むと、一等三角点

▲吾妻連峰のシンボル、吾妻小富士（一切経山から）

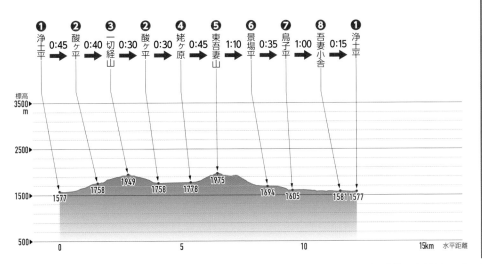

❶浄土平 →0:45 ❷酸ヶ平 →0:40 ❸一切経山 →0:30 ❷酸ヶ平 →0:30 ❹姥ヶ原 →0:45 ❺東吾妻山 →1:10 ❻景場平 →0:35 ❼鳥子平 →1:00 ❽吾妻小舎 →0:15 ❶浄土平

標高m 3500▶ 2500▶ 1500▶ 500▶

1577 1758 1949 1758 1778 1975 1694 1605 1581 1577

0 5 10 15km 水平距離

▲酸ヶ平分岐から一切経山をめざす登山者　　▲一切経山から「吾妻の瞳」と称される五色沼を俯瞰する

の置かれた❸一切経山に到着する。開放感あふれる頂上からは、天候さえよければ名だたる山々が一望できる。北にわずかに移動すると、眼下に青い水をたたえ、「吾妻の瞳」と称される五色沼が美しい。眺望を満喫したら東吾妻山へ向かおう。

　❹酸ヶ平の分岐まで戻り、右手の笹原に続く木道を進む。鎌沼畔を通過すると、夏にはチングルマが咲く姥ヶ原へと入ってゆく。❹姥ヶ原の十字路を直進し、木道を下りると樹林帯に入り、東吾妻山への登りが始まる。

　しだいに傾斜が強まり、露出する木の根や大きな段差など足場の悪い急坂が続く。これを登り切ると明るく開けたハイマツ帯に出て、❺東吾妻山に到着する。一切経山ほどではないにし

ろ展望は申し分なく、鋭い穂先を誇示する磐梯山や、裏磐梯高原の湖沼群などが見渡せる。

　下山は南に向かい、すぐに樹林帯に入ってゆく。木道が現れると展望台で、この先は道のえぐれやぬかるみのある樹林内の急坂の下降が続く。傾斜がゆるまり、木道が現れると、広々した❻景場平の湿原に下り立つ。景場平は庭園風で、風に揺れる白いワタスゲの穂が印象的だ。

　景場平をあとに再び樹林に入り、すべりやすい足元に注意しながら下降すると、往来する車の音が聞こえだし、ほどなく磐梯吾妻スカイラインに出る。車道を横切り少し奥へ進み、木道の敷かれた❼鳥子平の湿原へ。この先は、磐梯吾妻スカイラインと併走する樹林内の歩道を進む。なお、2023年11月現在鳥子平〜兎平間の

▲一切経山の肩から望む鎌沼と磐梯山（左）

▶木道が延びる景場平（背景は東吾妻山）

▲ 吾妻小舎。営業期間は5月下旬〜11月上旬（変動あり）

小沢にかかる橋が流失している。平時は水が流れていないので問題なく通過できるが、雨の日や雨後は増水して渡れないので、磐梯吾妻スカイラインを歩いて兎平へ向かうことになる。

　車道から離れだすと浄土平キャンプ場となり、吾妻小富士が目前に迫るとまもなく❽吾妻小舎だ。観光地の喧騒を逃れた静かな山小屋で、ひと時を過ごすのもよいだろう。吾妻小舎や桶沼の周辺では、福島県の県花で、天然記念物のネモトシャクナゲを見ることができる。

　浄土平へは小屋の横を通り、途中で桶沼を左に見て10分ほど進めば磐梯吾妻スカイラインに出て、❶浄土平の駐車場に帰り着く。

吾妻連峰の希少な花々

　吾妻連峰を代表する名花ネモトシャクナゲは、ハクサンシャクナゲの変種で、この地で最初に発見され、国の天然記念物に指定されている。一見普通のシャクナゲのようだが、よく見ると雄しべなどが花弁化して、花弁が二重になっているように見える。夏期は7月上旬〜中旬、吾妻小舎周辺で観察しやすい。また、鎌沼などの高層湿原には特産種のアズマホシクサが自生している。星草の名のように、小さな白い頭花が夜空に瞬く星のように愛らしい。

▲ネモトシャクナゲ

シートの座り方で腰痛を防ぐ

　ロングドライブで腰が痛くなる人は、運転姿勢を見直してみよう。正しいポジションは、背もたれを起こした状態でハンドルをもち、少し肘が曲がるくらいの位置へ。座面の前後方向はブレーキペダルを奥に踏み込んで、膝が伸びきらない程度の位置に合わせる。正しい姿勢なら負担は軽減されるが、それでも痛みが出る場合、シートと背中の間を埋めるウレタンクッションなどを使ってみよう。

▲ 少し窮屈そうに見えるが、これが正しいポジションだ

31 一切経山・東吾妻山

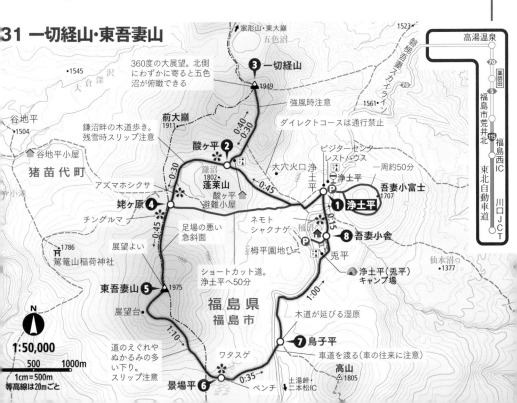

1:50,000
500 1000m
1cm=500m
等高線は20mごと

標高 825 m（東ノ物見） | 福島県 | P190-A2

32 霊山（りょうぜん）

新緑や紅葉をまとった奇岩怪石の山。展望もすばらしい

▲霊山登山口から見上げる霊山の岩峰群。見た目に反して危険箇所は少ない

登山口まで297km

川口JCT

↓294km　東北道・東北中央道

霊山飯舘IC

↓3km　国道115号、県道31号

霊山登山口

緯度 37°45′39″
経度 140°41′29″

プランニングのヒント

　歩行時間が短い山だけに首都圏からの日帰り登山も十分可能だが、登山後に1泊して東吾妻山（P114）や安達太良山（P177）とセットで登れば効率的。東北道の渋滞でスタートが遅れた場合、西ノ物見～霊山寺跡の往復をカットする。登山のおすすめの時期は、新緑やツツジが咲く5月下旬と、10月下旬～11月上旬の紅葉のころ。

登山口詳細MAP

駐車場情報

国道115号から県道31号を約1km上がったところが登山口で、道の左に約70台分の駐車場がある（右にも約15台分のスペースあり）。紅葉シーズンの満車時は国道115号上の霊山パーキングに駐車し、登山口まで歩く（約25分）。

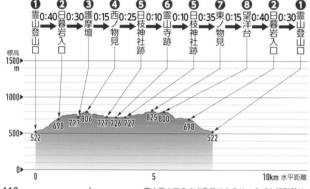

①霊山登山口 0:40 ②日暮岩入口 0:30 ③護摩壇 0:15 ④西ノ物見 0:25 ⑤日枝神社跡 0:10 ⑥霊山寺跡 0:10 ⑤日枝神社跡 0:35 ⑦東ノ物見 0:15 ⑧望洋台 0:40 ②日暮岩入口 0:30 ①霊山登山口

標高 1500m / 1000 / 500 　522 698 723 806 727 726 727 825 800 698 522

コース情報　霊山登山口のすぐ手前にあるりょうぜん紅彩館は、日帰り入浴や食事などができる施設。宿泊もできるので、前泊に最適。10～20時（曜日や季節により変動あり）、水曜休（営業日あり）。☎024-589-2233

山のプロフィール

福島県北東部・伊達市にある。1000mに満たない標高ながら多くの岩峰をまとめた荒々しい姿だが、登山道はよく整備されている。859（貞観元）年開山の歴史の山で、山中には城や寺の痕跡がわずかに残る。登山適期は盛夏と降雪直後を除く通年。

●問合せ先＝伊達市商工観光課 ☎024-573-5632

歩行時間	4時間10分
歩行距離	7.5km
累積標高差	登り＝610m 下り＝610m
登山難易度	初級★★
参考地図	霊山

❶霊山登山口で登山届を提出して出発。数分で三叉路に出て、左へとる。日暮岩入口へはハシゴのかかる急登が続くが、途中には宝寿台や見下ろし岩の好展望地がある。

❷日暮岩入口で下山時に通る弁天岩からの道を右に分け、直進する。紅葉の名所で岩峰が点在する国司沢、ついで天狗の相撲場を経て、護摩壇入口では左の護摩壇方面へ。岩をくり抜いた道が続く親不知・子不知を過ぎ、最後に岩をくぐると好展望地の❸護摩壇だ。

この先も岩の間を縫うように登り、国司館跡まで来れば頂上の霊山城跡（遺構はほとんどない）はすぐ。城跡からわずかに左に行くと❹西ノ物見で、ここからの眺めもすばらしい。

西ノ物見から尾根を北進し、❺日枝神社跡を経て❻霊山寺跡を往復する。霊山寺跡からは往路を引き返し、途中で左に分岐するショートカット道経由で霊山最高点の❼東ノ物見へ。

東ノ物見からは尾根を南東へ進む。霊山の三角点ピークを越え、蟻の戸渡りの岩場を通過する（右に迂回路あり）。すぐ先にある❽望洋台からは、名前の通り太平洋が見渡せる。

下山は右手の山腹道に入り往路の日暮岩入口へ向かうが、途中錦霞渓の絶景が広がる弁天岩へ寄り道したい。❷日暮岩入口からは、往路を❶霊山登山口へ引き返す。

▲（上）国司沢展望地からの雄大な景観
　（下）3600もの堂塔や僧坊があったという霊山寺跡

32 霊山

わずかに礎石が残る

福島県
相馬市

霊山

霊山の最高点

岩場（右へ迂回路あり）

蟻の戸渡り

太平洋を望む

❽望洋台

猿跳岩

弘法の突貫岩

大山祇神社跡

弁天岩

錦霞渓

1:22,500

霊山登山口 ❶

こどもの村

りょうぜん紅彩館

立ち寄り入浴可

国道115号・道の駅りょうぜん

霊山町行合道

1cm＝225m
等高線は10mごと

川口JCT

東北道・東北中央道

霊山飯舘IC

百

標高 1816 m | 福島県 | P179-A5

33 磐梯山
ばんだいさん

万葉集に「会津嶺」と詠まれた会津のシンボルを最短コースで往復

▲アクセス路の磐梯山ゴールドラインから見た紅葉の磐梯山

登山口まで約276km

川口JCT	
↓260km	東北道・磐越道
磐梯河東IC	
↓8km	県道64・7号
磐梯山ゴールドライン入口	
↓8km	磐梯山ゴールドライン
八方台	

緯度 37°36′51″
経度 140°02′54″

プランニングのヒント

日本百名山だけに人気が高く、しかも紹介する八方台コースは最短時間で登れることもあり、駐車場は早朝から満車になることも。車中泊も有効だが、標高が1200m近いため、とくに5月と秋は防寒対策を万全に。猪苗代を拠点に、近くにある日本百名山の安達太良山（P177）とセットで登れば効率的。

登山口詳細MAP

駐車場情報　八方台コース入口の正面に第1駐車場（約70台）がある。トイレと休憩舎、登山届入れあり。満車時は猪苗代側に400m下った第2駐車場（約50台）か、裏磐梯側に1.4km下ったこがね平（約80台）へ。

山のプロフィール

猪苗代湖の北にそびえる独立峰の火山。「会津富士」ともよばれ、日本百名山の一峰でもある。北面には巨大な火口が口を開けている。火山ながら植生は豊かで、バンダイクワガタなどの固有種も見られる。登山適期は5月中旬〜10月下旬。

●問合せ先＝磐梯町商工観光課☎0242-74-1214

歩行時間	4時間
歩行距離	7km
累積標高差	登り＝750m 下り＝750m
登山難易度	初級★★★
参考地図	磐梯山

入門
初級
中級
上級

磐梯山は、1888（明治21）年に突然大爆発を起こした。小磐梯とよばれるピークを一瞬にして吹き飛ばし、桧原湖や五色沼をはじめとする大小の湖沼群を出現させ、一大景勝地をつくりだした。北麓に広がる裏磐梯高原がそれで、今も噴火の生々しい爪痕を見ることができる。南麓の猪苗代湖とは互いを引き立てあう、表裏一体の間柄だ。また磐梯山は、固有種のバンダイクワガタを産する花の山でもある。

❶八方台の広い駐車場をあとに車道を横切り、明治の噴火の災害を免れた太いブナの混じるブナの林へと潜り込んでゆく。道幅の広いゆるやかな上り坂が続き、火山特有の地形が現れると、朽ちた建物が立つ❷中ノ湯跡に出る。周辺に噴出する火山性ガスに要注意だ。

小さな湿地に敷かれた木道を進み、一段登ると樹林の尾根に出る。裏磐梯からのコースが左

▲（上）八方台の第1駐車場。車道の対面が登山口
（下）八方台コースの下部はブナ林が広がる

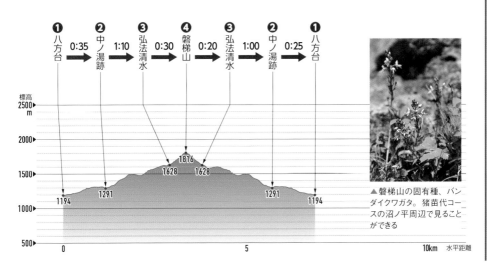

| ❶八方台 | 0:35 | ❷中ノ湯跡 | 1:10 | ❸弘法清水 | 0:30 | ❹磐梯山 | 0:20 | ❸弘法清水 | 1:00 | ❷中ノ湯跡 | 0:25 | ❶八方台 |

標高
2500m
2000
1816
1628 1628
1500
1291 1291
1194 1194
1000
500
0　　　　　5　　　　　10km　水平距離

▲磐梯山の固有種、バンダイクワガタ。猪苗代コースの沼ノ平周辺で見ることができる

コース情報　中ノ湯付近に噴出する火山性ガスと、東側がスッパリ切れ落ちた頂上は足元に要注意。四合目の弘法清水や山中にはトイレがないので、八方台で事前に済ますか弘法清水の携帯トイレブースを利用する。

▲岩を撒き散らしたような磐梯山の頂上。磐梯明神がまつられ、「天鏡湖」と謳われる猪苗代湖を眼下にする

から合流し、初めは平坦路だが、すぐに急登となる。いつしかアップダウンをくり返す山腹をたどる道となり、樹林帯の斜面を横切る。雨天時や雨後などは、木の根や泥の道がすべりやすいので要注意。谷側へ崩れた箇所もある。

　磐梯山の三角錐の山頂部がわずかに樹間越しに望めると、山腹の道から急登へと変わり、まもなく分岐に突き当たる。右路は弘法清水への近道で、直進路はお花畑経由の回り道だ。まずは右路の近道へ。10分ほどゆるやかに登ると前方が開け、四合目の❸弘法清水（こうぼうしみず）に出る。磐梯

山の頂上は五合目で、ここは実質的には九合目に相当する。弘法清水には湧水のほか、弘法清水小屋と岡部小屋の2軒の売店があり、登山の記念品や名物のなめこ汁などが売られている。

　頂上まではもうひと息だが、30分ほど急坂の連続が待ち受ける。初めは堀状にえぐれた窪地のなかの道を、左右の枝などを手がかりに、足元のすべりやすい岩を慎重に踏んでゆく。高度を上げるとしだいに頭上が開け、崩壊地の縁を通過するとまもなくコースは二分する。左が山頂ダイレクトコースで、すぐに磐梯明神の石

▲四合目の弘法清水に湧き出ている清水
▶中ノ湯跡付近からはめざす磐梯山の山頂部が頭をのぞかせる

▲弘法清水から頂上への登りは崩壊地の縁をたどる

祠がまつられた**④磐梯山**の頂上に到着する。展望は抜群で、360度全方位さえぎるもののない大パノラマが展開している。

　帰路は**③弘法清水**まで戻り、2軒の売店の前を通り、櫛ヶ峰を見ながら少し下る。猪苗代コースとの分岐から左へ進んでお花畑コースをたどると、往路で分けた分岐に戻ってくる（お花畑コースは熊の目撃情報があるので、通行の際は注意したい）。

　あとは往路を**①八方台**へと下ってゆく。

磐梯山のその他のコース

　磐梯山には紹介した最短路の八方台コース以外にも、5本（裏磐梯コース／猪苗代コース／川上コース／翁島コース／渋谷コース）の登山道がある。なかでも南面からの猪苗代コース（頂上へ登り3時間30分、下り2時間30分）や北面の裏磐梯コース（頂上へ登り3時間50分、下り3時間）は駐車場が完備され、前者は沼ノ平に咲く固有種の花、バンダイクワガタ（花期6月中旬～下旬）、後者は銅（あか）沼からの櫛ヶ峰と天狗岩の雄大な景観などの見どころがあっておすすめだ。

▲裏磐梯コース・銅沼から

弘法清水小屋と岡部小屋

　磐梯山頂上の北側直下には弘法清水小屋と岡部小屋の2軒の売店があり、休憩や飲食ができるので土・日曜、祝日はにぎわっている。食事メニューはともになめこ汁が人気。山中では唯一のトイレブースがあり、携帯トイレも販売されている。小屋の営業期間は、ともにゴールデンウイークから11月中旬。

▲青い建物が目印の岡部小屋

33 磐梯山

📖 前夜泊

標高 1386 m | 新潟県 | P178-A3

34 御神楽岳
（み かぐ ら だけ）

豪快なスラブの「下越の谷川岳」へ危険の少ないコースで登る

▲紅葉に彩られる御神楽岳の山頂部（雨乞峰から）

登山口まで約340km

川口JCT

↓315km　東北道・磐越道

津川IC

↓4km　県道89号、国道49号

三郷交差点

↓21km　県道227号ほか

室谷登山口

緯度 37°32′45″
経度 139°23′34″

🚗 **プランニングのヒント**

　首都圏からの距離があるため日帰りは無理で、山麓の御神楽温泉（下段「コース情報」参照）などに前泊して登山に臨むことになる。このコースの魅力のひとつにブナがあるが、新緑は5月下旬、紅葉は10月中旬が見頃。下山後は磐越道と北陸道で移動し（両登山口間約75km）、粟ヶ岳（P76）に登るプランも考えられる。

登山口詳細MAP

駐車場情報

県道227号の室谷集落から「御神楽岳登山道入口」の案内を目印に左折。随所にある標識に従って進むと登山口に着く。駐車場はないが、登山道の入口脇などに計10台程度の車が置けるスペースがある。トイレはないので、前もって済ませておく。

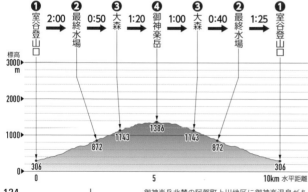

コース情報　御神楽岳北麓の阿賀町上川地区に御神楽温泉があり、2軒の施設で立ち寄り入浴ができる。ブナの宿小会瀬（こあせ・宿泊可）☎0254-95-3535、みかぐら荘☎0254-95-2121

山のプロフィール

新潟県・下越にある二百名山。阿賀町からの室谷コースは、ブナ林や迫力あるスラブ（なめらかな一枚岩）の眺めが楽しめる。危険箇所こそ少ないが、ぬかるみや背丈を超える笹やぶ（整備状況による）など歩きづらい箇所がある。登山適期は6〜11月。

●問合せ先＝阿賀町上川支所振興係 ☎0254-95-2211

歩行時間	7時間15分
歩行距離	10.2km
累積標高差	登り＝1164m 下り＝1164m
登山難易度	中級★★★
参考地図	御神楽岳

❶室谷登山口からしばらくは沢沿いに進む。小さな沢を渡り、ブナ林に入る。ところどころにあるぬかるみや笹やぶのなか標高を上げていくと、やがて❷最終水場に出る。これまでの沢筋から尾根道に入り、なおも登っていく。

展望のよい❸大森を過ぎ、「シャクナゲ通り」へ。ここからゆるやかな登りを20分ほどこなすと、左手より栄太郎新道が合流する雨乞峰に着く。ここから笹のなかを下ってわずかに登ると❹御神楽岳にたどり着く。

展望を楽しんだら頂上をあとに往路を下っていくが、体力と時間に余裕があれば、頂上の南にある本名御神楽まで足を延ばそう（往復約1時間30分）。途中細尾根の通過こそあるが、御

神楽岳以上のすばらしい景観が楽しめる。また、本名御神楽からさらに福島県側に20分ほど下った場所に避難小屋の御神楽岳管理舎が立ち、近くに水場もある。

▲湯沢ノ頭のスラブ（右）を背に頂上へ

34 御神楽岳

磐越自動車道　北陸自動車道　関越自動車道
三郷　49　津川IC入口　津川IC　新潟中央JCT　長岡JCT　練馬IC
磐越自動車道　郡山JCT　東北自動車道　川口JCT

室谷
「御神楽岳登山道入口」看板

室谷登山口 ❶
P
徒歩点

・672

栄太郎新道登山口 P

・548

△338
・509

笹やぶとぬかるみの歩きづらい道。雨の日や雨後はとくに難儀。スパッツを持参したい

1:25
2:00

室谷コース

覚道の頭

高頭
953

湯沢の大岩壁 湯沢出合

「御神楽岳まで2:40」標識
・618 **最終水場 ❷**

大森山
△1048
❸大森

湯沢ノ頭
1184

山伏尾根

尾根に取り付く
0:40
0:50

飯豊連峰が見える

新潟県
阿賀町

1:00
1:20

栄太郎新道は岩稜歩きでクサリ場が多い上級者向きコース

雨乞峰

大森より上部にもぬかるみと笹やぶあり

シャクナゲ通り

❹御神楽岳
1386

つばくろ尾根

N

1:55,000

500　1000m
1cm＝550m
等高線は20mごと

△659

・838

石祠と二等三角点あり。展望よい

360度の展望

本名御神楽
1266

御神楽岳管理舎・本名御神楽登山口

福島県
金山町

標高 **156 m**（御前山）・**183 m**（富士山） 茨城県 P183-A5

35 御前山・富士山
ご ぜん やま ふ じ さん

「関東の嵐山」と称される那珂川沿いの低山ハイキング

▲道の駅かつら付近からの御前山～富士山間の山並みと那珂川大橋

登山口まで約105km

三郷IC

↓88km **常磐道**

水戸北スマートIC
※ETC装着車のみ利用可

↓17km **国道123号**

道の駅かつら

緯度 36°32′42″
経度 140°20′01″

プランニングのヒント

コース中に岩場のような危険箇所はないが分岐が多く、各分岐では道標をよく確認して先に進むこと。標高が200m弱の低山ゆえ、盛夏の登山は熱中症に注意。この時期は蚊が多いので、虫除けスプレーは必携。起点の道の駅かつら（☎029-289-2334）には無料のテントスペースがあり、キャンプとハイキングの組み合わせが楽しめる。

登山口詳細MAP

駐車場情報

茨城県城里町の国道123号沿いにある道の駅かつらの駐車場を利用する。建物そばの駐車場は道の駅の施設利用者のためのものなので、登山者は奥にある大駐車場（約100台、無料）へ。トイレは道の駅と御前山青少年旅行村にある。

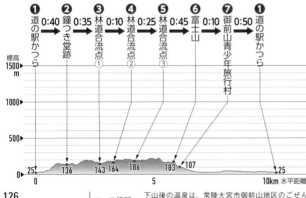

❶道の駅かつら 0:40 ❷鐘つき堂跡 0:35 ❸林道合流点① 0:10 ❹林道合流点② 0:25 ❺林道合流点③ 0:45 ❻富士山 0:10 ❼御前山青少年旅行村 0:50 ❶道の駅かつら

コース情報 下山後の温泉は、常陸大宮市御前山地区のごぜんやま温泉保養センター四季彩館☎0295-55-2626や城里町の健康増進施設 ホロルの湯☎029-288-7775がおすすめ。

山のプロフィール

茨城県城里町と常陸大宮市にまたがるハイキング向けの低山。御前山と山麓を流れる那珂川、赤いアーチ橋の那珂川大橋が一体となった景観は、「関東の嵐山」とも称される。登山適期は通年。

●問合せ先=城里町観光協会☎029-288-3111／常陸大宮市商工観光課☎0295-52-1111

歩行時間	3時間35分
歩行距離	10.2km
累積標高差	登り=548m 下り=548m
登山難易度	初級★★
参考地図	野口

❶道の駅かつらから国道を西進し、那珂川大橋の手前で左の車道へ。すぐに東登山口があり、登山道に入る。登り始めはやや急登だが、標高が上がるにつれ傾斜はゆるくなり尾根道歩きとなる。やがて分岐に出て、左に数分行くと南面の展望が開けた❷鐘つき堂跡。

再び尾根に戻り、西へと進む。特徴的なこぶのある木が立つ地点が地形図の御前山の位置のようだが、山名表記もなく判然としない。このあとも樹林内の尾根道をたどる。左から林道が

▲御前山頂上付近のこぶのある木

合流する地点（❸林道合流点①）からは、林道と登山道どちらを進んでも林道大沢線に合流する（❹林道合流点②）。第2あずまやを過ぎると三たび林道に出て（❺林道合流点③）、右に行くとすぐ左手に登山道の入口がある。第1あずまやを経て単調なアップダウンをくり返すと那珂川を眼下にする展望台がある❻富士山に出る。

急な階段の下りで❼御前山青少年旅行村へ出たら、車道歩きで❶道の駅かつらへと戻る。

▲富士山頂上展望台からの北面の眺め

35 御前山・富士山

1:30,000
0 250 500m
1cm=300m
等高線は20mごと

| | 標高 654 m | 茨城県 | P179-D6 |

36 奥久慈男体山
おく く じ なん たい さん

奇岩怪石が屏風のように張りめぐらされた奥久慈岩稜の主峰へ

▲登山口のある大円地の集落から見上げる奥久慈男体山。岩をまとった堂々たる山容を見せている

登山口まで約130km

三郷IC

↓94km　**常磐道**

那珂IC

↓31km　**県道65号、バードライン、国道118号**

湯沢入口交差点

↓5km　**県道322号、奥久慈パノラマラインほか**

大円地駐車場

緯度 36°42′58″
経度 140°25′12″

プランニングのヒント

　渋滞がなければ三郷ICから2時間ほどで登山口に着く。ゆっくり登ってもお昼過ぎには下れるので、下山後は同じ大子町にある日本三百名山の八溝山（1022m）に足を延ばしてみたい。また山麓の袋田温泉で1泊し、翌日は高鈴山・神峰山（P132）や竪破山（P136）などとセットで登るのもよいだろう。

駐車場情報　奥久慈パノラマライン上の大円地集落の南はずれに10台前後が停められる無料の駐車場がある。トイレあり。300m手前の古分屋敷にも無料の駐車場（約8台、トイレあり）がある。

山のプロフィール

茨城県北部の奥久慈男体山は、男体山集塊岩とよばれる火山角礫層でできている豪快な岩山だ。標高こそ654mと高くはないが、南北に断崖絶壁を張りめぐらし、周囲のおだやかな山容の山並みのなかで異彩を放っている。登山適期は盛夏を除く4～11月。

●問合せ先＝大子町観光商工課☎0295-72-1138／大子町観光協会☎0295-72-0285

歩行時間	2時間55分
歩行距離	3.4km
累積標高差	登り＝535m 下り＝535m
登山難易度	中級★★★
参考地図	大中宿

通称「奥久慈パノラマライン」とよばれる舗装された林道が奥久慈男体山の岩稜帯の西裾を通り抜けており、林道からもその豪快な景観が望める。頂上まで直線距離で1km足らずに迫る大子町の大円地集落に駐車場があり、ここからスタートすることで、短時間で効率よく登山を楽しむことができる。

❶大円地駐車場から車道づたいに少し下り、道標に従ってブロック垣のある場所から右の横道に入る。すぐに数軒の民家が軒を寄せる集落が現れる。大円地山荘の駐車場（山荘の利用者のみ駐車可）から山道となり、小橋や木板を渡って民家の裏手に回り込む。櫛ヶ峰の岩峰を頭上に仰ぎながら茶畑を越すと、❷健脚コース・一般コース分岐に突き当たる。

直進する道が一般コースで、左に折れると健脚コースだ。一般コースの往復だけではやや面白みに欠けるので、クサリの連続する健脚コースを登路に、一般コースを下降路とする周回プランを紹介する。ただし無理は禁物。

左の健脚コースを進むと、杉の植林地の斜面へと入ってゆく。山腹道から九十九折の登りとなって高度を上げる（途中、進行方向注意）。いったん狭い尾根に出て、再び杉林の斜面を登り切ると❸滝倉コース分岐のある尾根に出る。ほどなく杉林から明るい落葉樹林に変わる。このあたりは晩秋のころなら見事な彩りの紅葉が見

▲大円地駐車場。後方のトイレに登山届ポストがある

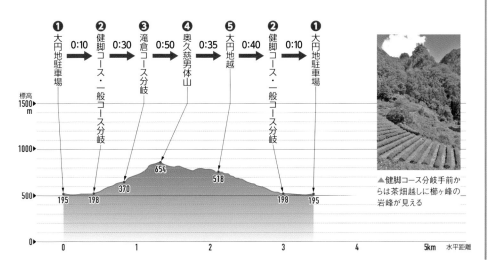

▲健脚コース分岐手前からは茶畑越しに櫛ヶ峰の岩峰が見える

❶ 大円地駐車場	0:10	❷ 健脚コース・一般コース分岐	0:30	❸ 滝倉コース分岐	0:50	❹ 奥久慈男体山	0:35	❺ 大円地越	0:40	❷ 健脚コース・一般コース分岐	0:10	❶ 大円地駐車場

標高
1500m
1000m
500m
0m

195　198　370　654　518　198　195

0　1　2　3　4　5km　水平距離

コース情報 クサリ場が連続する健脚コースは、下降路にする場合危険度が大きく、登路としてのみ利用するほうが安全。ビギナーは一般コースの往復が無難。とはいえこちらも切り立った箇所があり、油断ならない。

▲秋の健脚コース展望台からの南面の眺め。条件がよければ雲海を見ることができる

られる。樹間越しに見え隠れする岩壁が圧巻だ。

この先すぐに一段目の急登へと差しかかる。長いクサリを頼りに登り切ると、ゴツゴツした岩の尾根に出る。ここは絶好の展望台で、前方にはめざす奥久慈男体山がそそり立ち、天候がよければ遠くに富士山も望める。この先もクサリのあるきつい登りが続くだけに、ここでひと休みしておこう。

山火事の痕跡を見ながら、尾根道から岩場に取りかかる。このコースで最も険しい場所だが、クサリを頼りに慎重に登っていこう。しだいに直上から左へと向きを変え、あずまやのある尾根の肩に出る。ここから5分ほど登れば、一等三角点標石の置かれた❹奥久慈男体山（おくくじなんたいさん）の頂上だ。テレビ中継アンテナなども立っていてにぎやかだが、周囲が切れ落ちた岩塔の先に鎮座するお社が印象深い。また、奥久慈岩稜帯の全容や阿武隈（あぶくま）山地の南部地域、那須連山、日光の山々、富士山、太平洋などが眺められる。

雄大な展望を存分に楽しんだら、稜線の縁をたどって下ってゆく。足元に注意をしながら慎重に進もう。

▲切り立った頂上にまつられる神社

◀奥久慈男体山頂上の山名標識

◀健脚コースはクサリとロープを頼りに登る

▲ 丸太組みのベンチが置かれた大円地越

　途中の分岐で持方へのコースを左に見送り、さらに下降して樹林帯の道を進むと、鞍部となった**❺大円地越**（おおえんちもっこし）に下り立つ。ここでも持方へのコースが左へ分岐する。また右手には鷹取岩（たかとり）へと続く縦走路が分岐している。

　縦走路を左上に見送り、ゴツゴツした岩が大きくうねる窪地へと下りていく。岩壁の裾を通り、落葉樹林から杉林へと入ってゆくが、岩で足場が悪いので注意が必要だ。U字状の道になるとまもなく杉林を抜け、往路の**❷健脚コース・一般コース分岐**（けんきゃく・いっぱんぶんき）に帰り着く。

　あとは往路を下れば、**❶大円地駐車場**（おおえんちちゅうしゃじょう）は目前だ。

SA・PAを活用しよう

　近年の高速道のSA・PAは24時間営業のレストラン、フードコート、コンビニなどが整備され、深夜や早朝の買い物、食事にも事欠かない。ATM、EV急速充電スタンド、無線LAN、また、SAによってはシャワー、宿泊施設などもあり、マイカー派にはありがたい存在だ。一方で、SAの大規模商業施設化も影響して、観光シーズンの連休は朝から大混雑する。午前7時前には入場したいし、SAを避けてPAを利用するのもいい。事前にNEXCO各社のホームページで渋滞予想をチェックしておくのがおすすめだ。

▲ 東名高速鮎沢PA（上り線）

そば処　大円地山荘

　茨城県は良質なそば粉の産地で、とくにここ大子町のそば粉は上質で人気が高い。大円地の登山口にある大円地山荘は築100年の農家を改装したそば処で、そんな地元産の常陸秋そば粉を使った、滑らかな舌ざわりの二八そばが特徴だ。そば以外にも、夏期には鮎の塩焼きなどがいただける。
☎0295-74-0370　11〜15時、月〜木曜日、利用の際は前日までに要予約。

▲ 手づくりの品が並ぶ

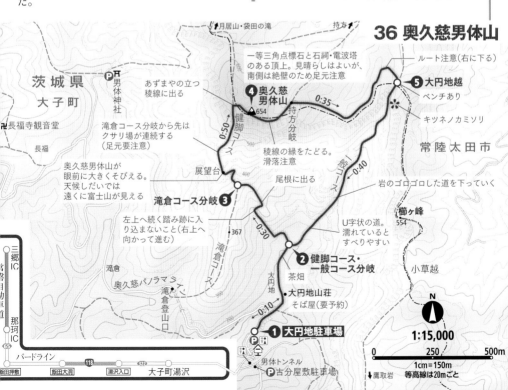

36 奥久慈男体山

標高 **623 m**（高鈴山）・**598 m**（神峰山） 茨城県 P183-A6

37 高鈴山・神峰山
（たかすずやま・かみねやま）

奥久慈の山々と日立大煙突、太平洋を眺める低山歩き

▲高鈴山の展望台からの眺めを楽しむ登山者たち

登山口まで124km

三郷IC

↓118km　常磐道

日立中央IC

↓6km　日立有料道路、県道36号

向陽台駐車場

緯度 36°38′17″
経度 140°35′35″

プランニングのヒント

高鈴山の北にあって立派な楼門や天然記念物の三本杉で知られる御岩神社に車を停めて表参道や裏参道（P135コラム参照）を歩く人もいるようだが、神社の駐車場は参拝者用。神社から登る場合は、向陽台駐車場に車を停めて県道36号を20分ほど歩いて御岩神社へ。2山に登って向陽台駐車場に下山する。

登山口詳細MAP

御岩神社
向陽台駐車場
本山トンネル
神峰山
高鈴山
日立中央IC
N

常陸太田
高萩IC　高萩
向陽台駐車場
御岩神社 P　奥日立きららの里
御岩山　神峰山
本山トンネル
日立北IC
おおつ
高鈴山
日鉱記念館
日立中央IC入口
日立中央IC
日立有料道路
ひたち
太平洋
245
三郷IC　水戸
0　3km
37
N

駐車場情報　向陽台駐車場（無料、20台前後）は日立中央ICから来ると本山トンネルを出てすぐ左側にあるので、通り過ぎないよう早めのスピードダウンを。駐車場は仮舗装されているが、トイレ、自販機などの設備はない。

山のプロフィール

高鈴山から御岩山、神峰山にかけての一帯は、古くから日立市民に親しまれたハイキングコース。花の百名山としても知られる高鈴山は頂上からの展望がすばらしく、神峰山からは日立鉱山の大煙突や太平洋を眺めることができる。盛夏以外が登山適期。

●問合せ先＝日立市観光物産課☎0294-22-3111

歩 行 時 間	3時間35分
歩 行 距 離	8.3km
累積標高差	登り＝638m 下り＝638m
登山難易度	初級★★
参 考 地 図	町屋

❶向陽台駐車場の南西側にある旧道からスタートする。旧道は、現在の本山トンネルができるまでの道路で、駐車場の北奥にある電話ボックスまで歩いてＵターンする形で入ることができるが、駐車場と旧道の間にあるガードレールを越えて旧道に入ってもかまわない。

古い舗装路をゆるやかに登っていく。しばらく歩くと未舗装の林道を行くようになり、駐車場から20分ほどで❷高鈴山登山口に到着する。右に行けば高鈴山へ、左に行けば神峰山へと続く登山道の分岐点だ。すぐ近くには2022年春に設置されたばかりの公衆トイレがある（冬期は使用中止の場合がある）。

まずは右へと高鈴山をめざそう。ほんの少しの間、未舗装の林道を歩き、道標に従って斜め右への登山道へと入る。林の間を登っていくと、20分ほどで分岐に出る。ここはそのまま直進

して巻き道を行くが、右に進むと492mピークがある。時間に余裕があれば立ち寄ってもいいが、展望は開けない。

御岩神社からの道が右から合流し、急傾斜の尾根道を登ると岩がごろごろした稜線に出る。この稜線一帯が❸御岩山で、頂稜の一部から展望が開けるが、その北面は岩場になって切れ落ちているので端に寄りすぎないよう行動は慎重

▲登山口となる向陽台駐車場

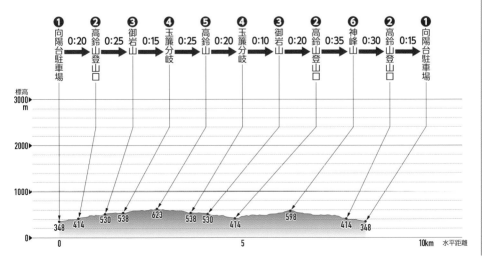

コース情報　コース中は分岐が多い。道標をよく確認すれば迷う心配はないが、地図は必ず持参すること。日立市のハイキングマップは道標の位置や内容が掲載され便利（日立市ホームページからダウンロード可）。

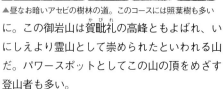
▲昼なお暗いアセビの樹林の道。このコースには照葉樹も多い

▲神峰山頂上から望む日立鉱山の大煙突

に。この御岩山は賀毗礼の高峰ともよばれ、いにしえより霊山として崇められたといわれる山だ。パワースポットとしてこの山の頂をめざす登山者も多い。

御岩山の頂上を越え、ゆるやかな傾斜の登山道はアセビの薄暗い樹林のなかに続く。夏でも日差しをさえぎってくれるのはうれしいが、曇った日は一人だとちょっと不安になるほどだ。

なだらかな道を登り、再度、下ったところが開けた鞍部となっている❹玉簾分岐で、大きな道標が立つ。右に下る道は滝沢集落を経て玉簾ノ滝へと続く道だ。

高鈴山への道は再び登りとなり、薄暗い樹林はすぐに明るい雑木林へと変わる。ところどころで眺めも広がってきて、頂の近いことを知らせてくれる。目の前に高鈴山頂上の電波中継塔が迫ってくるとほどなくあずまやの立つ小ピークで、ここからはわずかの車道歩きで❺高鈴山に到着する。広々とした頂には木製の展望台も設置され、奥久慈や八溝、そして遠く那須の山々

の展望が楽しめる。

たっぷり休んだら往路を戻る。❸御岩山の先の巻き道を通り、❷高鈴山登山口からはまっすぐ神峰山へと続く登山道を進む。歩きやすい道が旧本山トンネル（トンネル内は通行不可）まで続く。旧本山トンネルから少しの間、急登をこなし、さらにゆるやかに登れば日鉱記念館への分岐で、右に行けば日鉱記念館前バス停まで20分ほどで下ることができる。

分岐からはまっすぐ、神峰山をめざそう。ほどなく奥日立きららの里分岐を左に分け、林間の平坦な道を進む。登山道が南方向に向きを変え、続いて現れる羽黒山への道を左に見送って道なりにまっすぐ登る。ここから神峰山の三角点へは急登となるが、10分弱の我慢だ。

三角点の先にある❻神峰山の頂上は静かで好ましい雰囲気。一角には神峰神社の奥宮が立っている。頂上からは、南東方向の景色しか開けないが、日立鉱山の大煙突と日立市街、そして太平洋が間近に望める。大煙突の説明板とベン

▲樹林に包まれた御岩山の頂上

▲花の百名山で紹介された高鈴山のセンブリ　▲高鈴山の頂上に立つ道標

コース情報　向陽台駐車場から御岩神社へ向かう県道36号沿いにあるとうふ工房名水亭なか里では、とうふ以外におからを使ったドーナツも販売しており、登山のおやつにおすすめだ。☎0294-22-6025

ブがあるので、本日最後のピークでのんびりと過ごしたい。

この日立鉱山の大煙突は大正時代に建築され、当時は高さが約155mあったそうだ。完成時は世界で最も高い煙突といわれ、平成に入ってからの倒壊で約54mへと3分の1まで短くなってしまったが、現在も運用は続けられ、煙突の先からは煙がたなびいている。

太平洋や大煙突の眺めを十分に楽しんだら、往路を戻ることにしよう。

▲静かな神峰山頂上でくつろぐ登山者

御岩神社からのサブコース

高鈴山北麓の御岩神社からは、霊山・御岩山への古道が続いている。神社の駐車場は参拝者用なので、向陽台駐車場から車道を1.5kmほど歩いて御岩神社へ。鳥居をくぐり、正面に見える壮麗な楼門を抜けて境内を歩く。まもなく本殿で、表・裏参道分岐となる。ここでは表参道を行こう。表参道は「かびれ神宮」の先で裏参道と合流する。道はだんだんと傾斜を強めるが、コースガイドで紹介した御岩神社分岐は間近だ。なお、楼門の横にすっくと立つ杉がご神木でもある三本杉だ。幹周9m、高さ50m、推定樹齢600年、県指定天然記念物で、森の巨人たち百選にも選定されている。☎0294-21-8445（御岩神社）

▲御岩山への登山道

▲御岩神社の楼門

▲天然記念物の三本杉

37 高鈴山・神峰山

1:25,000

0　250　500m

1cm=250m
等高線は20mごと

向陽台駐車場
〜御岩神社間
徒歩約20分

御岩神社前

とうふ工房
名水亭なか里

社務所

三本杉

御岩神社

表参道

裏参道

御岩神社〜御岩山間
登り45分、下り35分

かびれ神宮　492

御岩神社への分岐

頂上付近の北側は崖に
なっているので注意

茨城県
日立市

▲❸御岩山　530

❹玉簾分岐

一部車道を
歩く

高鈴山　623
❺

展望台や一等三角点
などがある

風神山

きらの里

きらの里前

向陽台駐車場　❶

P

高鈴山登山口　❷

日本山トンネル

きらの里

日鉱記念館への分岐

きらの里分岐

急坂　587

巻き道を通る

日鉱記念館前

日鉱記念館

羽黒山

神峰山の
三角点

神峰山神社奥院

神峰山　❻　598

日立の大煙突と
太平洋が望める

N

三郷IC　　日立中央IC　　日立中央IC入口

常磐自動車道　　日立有料道路

標高 **658 m** | 茨城県 | **P179-D6**

38 堅破山
（たつ われ さん）

奇妙な岩や巨石が点在する茨城県北のパワースポットの山

▲シンボルの太刀割石。徳川光圀（水戸黄門）が「最も奇なり」と驚いたとされる

登山口まで約144km

三郷IC

↓124km　常磐道

日立北IC

↓20km　県道10・60号、市道、黒坂林道、堅破山林道

堅破山駐車場

緯度 36°42′22″
経度 140°33′32″

プランニングのヒント

初級者向けの山だけにこれといった難所はないが、コース後半の軍配石〜奈々久良の滝分岐間にはやや急な下りがあったり夏場は登山道にやぶがかぶるなど、若干の注意箇所がある。短時間で登ることができるので、同じ日立市内にある高鈴山・神峰山（P132）に朝から登り、午後は堅破山に登るプランも考えられる。

登山口詳細MAP

奈々久良の滝分岐　堅破山
堅破山登山口　　　後生車
堅破山林道
二の鳥居
堅破山駐車場
一の鳥居・日立北ICへ

駐車場情報

堅破山林道の途中に約20台が停められる駐車場がある（トイレあり）。コース中のトイレはここだけ）。すぐ先が登山口だ。堅破山林道は一の鳥居がある分岐から駐車場までの約700mが未舗装で道幅も狭いので、運転の際は要注意。

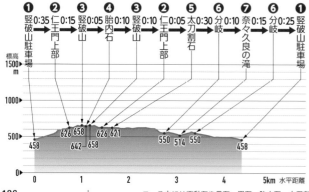

| ❶ 堅破山駐車場 | 0:35 | ❷ 仁王門上部 | 0:15 | ❸ 堅破山 | 0:05 | ❹ 胎内石 | 0:10 | ❸ 堅破山 | 0:10 | ❷ 仁王門上部 | 0:05 | ❺ 太刀割石 | 0:30 | ❻ 分岐 | 0:10 | ❼ 奈々久良の滝 | 0:15 | ❻ 分岐 | 0:25 | ❶ 堅破山駐車場 |

標高1500m

626 658　626 621　　550 514 550
458　　642 658　　　　　　　　　　458

高萩IC
花貫渓谷
▲土岳
花園川
堅破山
堅破山林道
駐車場堅破山
黒前神社の鳥居
黒坂林道
グリーンふるさとライン
椎名酒造店
常磐自動車道
十王ダム
入黒口前看板所
山田
3km
日立北IC
▲神峰山
三郷ICへ

| コース情報 | コース中には不動石や畳石、甲石、胎内石、太刀割石、神楽石など数多くの巨岩や奇岩があり、登山口の案内板にはそれぞれの石の由来が記されている（日立市のホームページからもダウンロード可）。 |

山のプロフィール

茨城県日立市と高萩市の境に位置する山で、日立市の最高峰でもある。山中はシンボルの太刀割石をはじめとする巨岩や奇岩、黒坂命をまつる黒前神社があるパワースポットで、頂上には筑波山や太平洋などを望む展望台もある。登山適期は盛夏を除く通年。

●問合せ先=日立市観光物産課☎0294-22-3111

歩 行 時 間	2時間40分
歩 行 距 離	4.4km
累積標高差	登り=333m 下り=333m
登山難易度	初級★★
参 考 地 図	堅破山

❶堅破山駐車場から林道をわずかに進むと堅破山の登山口があり、右手の登山道に入る。すぐに後生車で、ここから本格的な登りとなる。

最初に不動石、ついで烏帽子石、さらに手形石、畳石を見ながら標高を上げて仁王門をめざす。途中には手洗い場やあずまやが立つ弁天池があり、ひと息つける。

▲堅破山展望台からの神峰山（左）と高鈴山

階段を上がって仁王門をくぐると、❷仁王門上部の分岐に出る。右に進むと甲石と舟石、釈迦堂があり、約200段の階段を上がると黒前神社に出る。さ

らに進むと二等三角点と展望台がある❸堅破山頂上で、❹胎内石は150mほど先にある。

❷仁王門上部の分岐まで戻って直進すると❺太刀割石があり、存在感に圧倒される。その先の軍配石あたりからは周りの木が伐採され、展望が開けている。神楽石への分岐を過ぎ、やや急な下りで❻分岐に出る。右に行けば❼奈々久良の滝があるので、往復してこよう。❻分岐に戻って直進すると、❶堅破山駐車場に下り着く。

▲二段に落ちる奈々久良の滝

入門

初級

中級

上級

38 堅破山

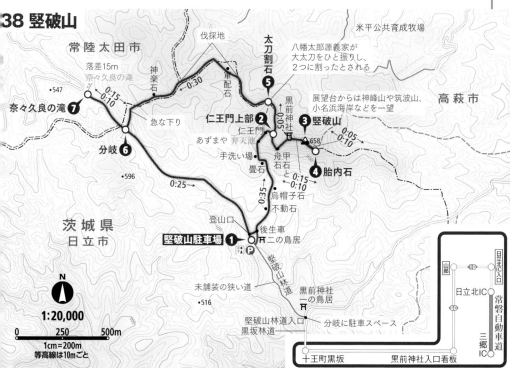

米平公共育成牧場

常陸太田市

伐採地

太刀割石❺

八幡太郎源義家が大太刀をひと振りし、2つに割ったとされる

神楽石

0:30

軍配石

0:15
0:10

•547

奈々久良の滝❼

急な下り

仁王門上部❷

仁王門

あずまや 弁天池

高萩市

黒前神社

展望台からは神峰山や筑波山、小名浜海岸などを一望

0:05
0:10

❸堅破山

△658

分岐❻

0:25

手洗い場

畳石

0:35

烏帽子石

不動石

舟甲
石石
とも

0:15
0:10

❹胎内石

•596

茨城県
日立市

登山口

堅破山駐車場❶

後生車

二の鳥居

未舗装の狭い道

•516

堅破山林道

黒前神社
一の鳥居

N

1:20,000

0　250　500m
1cm=200m
等高線は10mごと

堅破山林道入口
黒坂林道

分岐に駐車スペース

十王町黒坂

黒前神社入口看板

日立北IC入口

山部

10

日立北IC

常磐自動車道

60

三郷IC

黒前神社入口看板

標高 **656 m** | 福島県 | P190-C2

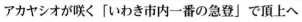

三森山
みつ もり やま

アカヤシオが咲く「いわき市内一番の急登」で頂上へ

▲頂上からの太平洋と広野火力発電所。展望を楽しむなら枝葉がうるさい盛夏ははずす

登山口まで約197km

三郷IC

↓188km　**常磐道**

いわき四倉IC

↓9km　**県道35・247号**

筒木原不動尊駐車場

緯度 37°11′17″
経度 140°56′47″

プランニングのヒント

筒木原不動尊駐車場の手前に宿泊施設があるので（「コース情報」参照）、前泊して堅破山（P136）などとセットで登るのもよい。頂上からは東の沢沿いをたどる道六神コースなどを経由する周回がとれるが、登山道が荒れ気味のため、GPSの扱いや地形図の読図に長けた人以外は往路を引き返すこと（その際も急斜面の下りに注意）。

登山口詳細MAP

駐車場情報

いわき市大久滝ノ尻集落の県道247号沿いにある筒木原不動尊の無料駐車場（約15台）を利用する。駐車場を含めコース中にトイレがないので、事前に済ませておくこと。コンビニもいわき四倉IC近くに1軒あるのみ。

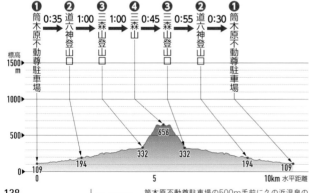

コース情報　筒木原不動尊駐車場の500m手前に久の浜温泉の民宿たきた館☎0246-82-3303、1.3km手前に谷地鉱泉の田村屋旅館（立ち寄り入浴可）☎0246-82-3355がある。

山のプロフィール

福島県いわき市の北東部にある。紹介する三森渓谷コースは、前半に新緑や紅葉が美しい三森渓谷、険しい急登の疲れを癒やしてくれるアカヤシオなどの花々、頂上部からの太平洋の展望と、多くの魅力が詰まっている。登山適期は盛夏と降雪直後を除く通年。

●問合せ先＝いわき観光まちづくりビューロー☎0246-44-6545

歩行時間	4時間45分
歩行距離	10.7km
累積標高差	登り＝702m 下り＝702m
登山難易度	中級★★★
参考地図	上浅見川

入門 / 初級 / 中級 / 上級

❶筒木原不動尊駐車場から、三森渓谷沿いの三森林道を進む。橋で2度渡り返すと❷道六神登山口で、左に道六神コースを分けてなおも林道を進む。水場を過ぎ、右に三森渓谷を見ながら歩いていくと❸三森山登山口に着く。

左手にある鉄製のアカヤシオ橋を渡ると三森山神社の鳥居と石祠が立ち、ここから本格的な登山道となるが、最初から「いわき市内一番の急登」といわれる登りに汗を絞られる。ロープを頼りに、木の根が露出した道やヤセ尾根をひたすら登っていく。周囲はいわき市の天然記念物になっているアカヤシオの自生地だ。花期は年によるが4月中旬〜下旬ごろで、同時期なら足元にイワウチワも咲いているだろう。

道はいったん傾斜がゆるくなるがすぐに急登になり、ようやく登り切ると稜線上に出る。ここは三森山と猫鳴山との分岐で、めざす三森山へは左にとる。稜線を10分ほど行くと月山神社の石碑と三等三角点が置かれた❹三森山の頂上で、樹間越しに太平洋の眺望が楽しめる（落葉期がベスト）。

頂上からは往路を慎重に引き返す。

▲木の根や岩が露出した急登。道脇にアカヤシオが咲いている

39 三森山

N

1:35,000

0　500　1000m

1cm＝350m 等高線は20mごと

❸三森山登山口
鉄製の橋を渡る
三森山神社
大岩
アカヤシオ
稜線分岐
0:45
1:00
稜線分岐まで急坂が続く
三森山 ❹ 656
山神社の石碑と三等三角点あり。西側の展望よい
登山口
千軒平溜池への分岐
千軒平溜池
三森渓谷
0:55
1:00
広野町
△424
236
山桂木道
大久川
△372
渓谷沿いの林道歩き
234
筒木原不動尊
番屋橋
釜石橋
・318
・392
砂防堰堤
❷登道山口神
・375△
0:30
0:35
林道河滝/尻線
林道終点
三森溜池
林道河線
❶筒木原不動尊駐車場
P
与中作
倒木ややぶなど荒れ気味の道。分岐では方向に注意。三森山〜道六神登山口間下り1時間30分
・483
443
・491
林道終点
・363
・218
民宿たきた館
144
洞
女伴作
旅館あり
谷地鉱泉
アンモナイトセンター
121
毛勝
久之浜二小
福島県 いわき市
四倉町八幡
八茎鉱山跡・いわき四倉IC
千軒平溜池
236
133
157
112
山下
77
247
246
大久町大久
N

三郷IC	常磐自動車道	いわき四倉IC

標高 **349 m**（北峰） ｜ 千葉県 ｜ P187-C5

40 富山 (とみさん)

南総里見八犬伝ゆかりの山から里の風景と東京湾を眺める

▲東方の伊予ヶ岳から見た富山。左が南峰、右が最高点の北峰

登山口まで約96km

湾岸市川IC	
↓31km	**東関道・京葉道路**
京葉道路・館山道接続部	
↓62km	**館山道・富津館山道路**
鋸南富山IC	
↓3km	**県道184・258号**
南房総市営駐車場	

緯度 35°05′33″
経度 139°51′46″

プランニングのヒント

東京湾越しに山並みの遠望を堪能するなら11〜1月、付近のスイセンの花も合わせて楽しむなら1〜2月ごろがおすすめ。伊予ヶ岳（P144）とは車で15分ほどなので、1日で2山登れば効率的。鋸南富山IC〜南房総市営駐車場間はコンビニがないので、途中の道の駅富楽里とみやまで食料を入手しておこう。

登山口詳細MAP

駐車場情報 ｜ 県道258号沿いに南房総市営駐車場（約35台、無料、トイレなし）がある。道の駅富楽里とみやまの駐車場（約330台、無料、トイレあり）も利用できる（福満寺入口まで徒歩40分）。

山のプロフィール

東隣の伊予ヶ岳（いよがたけ）などとともに、南房総の名峰の一座。『南総里見八犬伝』の小説の舞台となったことでも有名な山である。初心者でも登りやすく、富山展望台からは東京湾や遠くには富士山も眺められる。登山適期は1～5月と10～12月。

●問合せ先＝岩井民宿組合☎0470-57-2088

歩行時間	3時間
歩行距離	7.6km
累積標高差	登り＝624m 下り＝624m
登山難易度	初級★★
参考地図	保田／金束

▲福満寺山門。名札に富山が描かれている

双耳峰が美しい富山は、江戸時代の読本作家・曲亭馬琴（きょくていばきん）（滝沢馬琴）の伝記小説『南総里見八犬伝』ゆかりの山。山頂部に里見八犬士終焉の地、中腹には伝説の面影が漂う伏姫ノ籠窟（ふせひめろうくつ）があり、ハイカーを小説の世界へと誘う。低山ながら展望もすばらしく、最高点の北峰（ほっぽう）からは、鋸山をはじめとする房総の山々や東京湾が一望で

きる。また、早春にはスイセンや菜の花が咲き、ハイカーを癒やしてくれる。紹介する福満寺から登るコースは伊予ヶ岳のような岩場はなく、ファミリーにもおすすめ。

①南房総市営駐車場（みなみぼうそうしえいちゅうしゃじょう）から**②福満寺入口**（ふくまんじいりぐち）に向けて、県道を東へ10分ほど歩く（車の通行に注意）。入口から左の小路に入るとすぐに福満寺で、トイレと休憩スペースがある。登山用に竹の杖が用意されているので、ストック代わりに利用するとよい。

山門前を抜け、やや急な坂を登る。一合目を過ぎると登山道らしくなる。ところどころ台風の影響で荒れた箇所があるが、冬はスイセン、初夏は新緑、そして晩秋には落ち葉を踏みながら、のんびりハイクが楽しめる。

四合目を過ぎて下っていくと五合目で、このあたりから階段道の急登に差しかかる。思いの

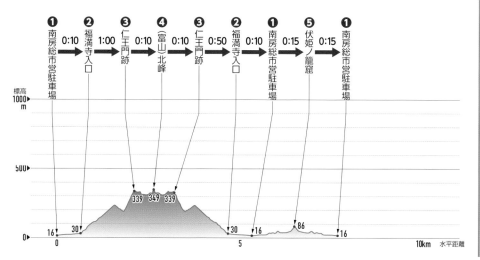

標高
1000m
500m
0

| ❶ 南房総市営駐車場 | 0:10 | ❷ 福満寺入口 | 1:00 | ❸ 仁王門跡 | 0:10 | ❹ (富山)北峰 | 0:10 | ❸ 仁王門跡 | 0:50 | ❷ 福満寺入口 | 0:10 | ❶ 南房総市営駐車場 | 0:15 | ❺ 伏姫ノ籠窟 | 0:15 | ❶ 南房総市営駐車場 |

16 30 339 349 339 30 16 86 16
0   5   10km 水平距離

▲北峰に立つ山頂標識と三等三角点

◀北峰頂上の展望台から望む東京湾。遠くに伊豆大島の島影も見える

ほかきつい登りだけに、ゆっくり自分のペースで歩こう。ベンチもあるので、適宜休憩をとるとよい。階段道が終わったところが❸仁王門跡。左の石段を上がっていくと観音堂やテレビ中継アンテナのある南峰のピークだが、荒れているので行く必要はないだろう。

この先は、南峰の東側を巻くように進んでいく。入口が閉鎖された伏姫ノ籠窟への分岐を過ぎると舗装道が合流し、あずまやが立っている。ここが里見八犬士終焉の地で、岩井の街並みや東京湾が眺められる。ここまで来れば北峰はもうすぐだ。最後の急坂を登ると金比羅神社がまつられた富山の❹北峰に着く。広場のようになった頂上にはベンチやテーブルがあり、休憩や食事をするのに適している。十一州一覧台とよばれている富山展望台に登れば、手前の木々こ

▲ファミリーハイキングの山としても人気がある

そうるさいが、東京湾を行き交う船舶のほか、富士山や館山方面の街並み、伊豆大島などの景色が広がっている。また、東側に山頂標識と三角点があるので、探してみよう。

富山という地名は、安房（現在の千葉県南部）開拓の祖・天富命に由来するとされる。富山の成り立ちについては興味深い言い伝えがあり、「昔、ダイダッポとよばれる巨人が富山を枕にして休むと足が岩井海岸まで伸び、村人は大勢でその足を海水で洗った。また、枕になった富山はそのために中間がくぼんで北峰と南峰になった」とのこと。

頂上でパノラマビューを堪能したら、来た道を❶南房総市営駐車場まで戻る。本来であれば北峰と南峰の中間点から分岐する道を下って伏姫ノ籠窟へ向かう周回がとれたが、災害により2023年11月時点で通行止めとなっている。

駐車場に戻ったら荷物を置いて、八犬伝で伏姫が八房と暮らしたといわれる伏姫ノ籠窟を訪ねてみよう。駐車場から南房総市立富山学園を経て15分ほど歩くと、山門が立つ籠窟入口に着く。春は入口のサクラが美しく、地元で大切にされてきた場所であることがわかる。

入口からは整備された遊歩道で❺伏姫ノ籠窟へ往復し、❶南房総市営駐車場へ戻る。なお、

▲伏姫ノ籠窟。命を絶った伏姫がここに眠っているとされる

とみやま水仙遊歩道

　富山の北西部、道の駅富楽里とみやま（P147コラム参照）から約1kmの場所にある1時間ほどの周遊コースで、房総の里山の光景とスイセンめぐりを楽しめる。道の駅を起点にスイセン群生地、ミツバチの巣箱などを見ながら散策。

展望所で岩井の街並みや東京湾を眺め、道の駅に戻る。スイセンの花は1～3月が見頃だが、道の駅のインフォメーションセンターで最新情報を入手するとよい。

▲花期は道沿いに甘い香りが漂う

この時点で正午前後の場合は、東隣の伊予ヶ岳や、冬のスイセンの花期であればとみやま水仙遊歩道（右コラム参照）とセットで歩けば、より充実するだろう。

◀南峰北直下にある富山愛の鐘。登山者に「愛の音」が広がるよう設けられた

車に積んでおくと便利なもの

　バッテリー上がりに使用するジャンプケーブル、牽引ロープ、ペットボトルの水（飲用、オーバーヒート時用）、軍手、毛布（防寒以外に泥道でのスタック脱出に）、ビニールテープ、ガムテープ、スマホ充電器、ビニール袋、ウェットティッシュ、筆記用具（車内での高温でインクが劣化するためボールペンは×）、傘など。寒い時期の車中泊用にシュラフや、夜中のパンク修理のヘッドランプなど、登山用具が役に立つこともある。

▲ウエットティッシュやガムはカップホルダーに収まるものが便利

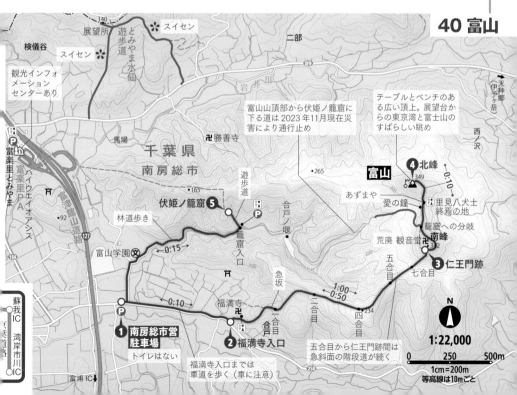

40 富山

富山山頂部から伏姫ノ籠窟に下る道は2023年11月現在災害により通行止め

テーブルとベンチのある広い頂上。展望台からの東京湾と富士山のすばらしい眺め

五合目から仁王門跡間は急斜面の階段道が続く

福満寺入口までは車道を歩く（車に注意）

1:22,000

1cm=200m
等高線は10mごと

0　250　500m

標高 **336 m**（北峰） ｜ 千葉県 ｜ P187-C5

41 伊予ヶ岳

（いよがたけ）

千葉県屈指の鋭峰から望む、のびやかな房総の山並み

▲平群天神社の背後に伊予ヶ岳の鋭い岩峰がそびえる。山名は伊予（愛媛県）の石鎚山に姿が似ていることに由来する

登山口まで約101km

湾岸市川IC
↓31km
東関道・京葉道路

京葉道路・館山道接続部
↓62km
館山道・富津館山道路

鋸南富山IC
↓8km
県道184・89号

平群天神社・登山者用駐車場

緯度 35° 06′ 03″
経度 139° 55′ 03″

 プランニングのヒント

紹介コースのうち、コース後半の富山方面分岐〜県道89号の間は道がやぶに覆われている場合がある。途中で不安に感じるようなら、往路を平群天神社に戻るほうがよいだろう。3時間もあれば登れるので、下山後は車で西に15分ほど移動して富山（P140）にも登り、互いの山の姿を見比べてこよう。

駐車場情報 ｜ 平群天神社の手前右奥に、登山者専用の駐車場（約15台）と水洗トイレが設けられている。駐車場は無料だが、神社への使用のお礼と登山の安全祈願を兼ねて、神社へお賽銭を納めたい。

山のプロフィール

なだらかな山が中心の千葉県にあって、唯一「岳」がつくのがこの伊予ヶ岳だ。ひときわ目をひく双耳峰の険しい岩峰を有し、「安房の妙義山」「伊予のマッターホルン」とも称される。低山だけに盛夏は厳しく、登山適期は10月～6月の梅雨入り前。

●問合せ先＝岩井民宿組合☎0470-57-2088

歩行時間	2時間5分
歩行距離	3.2km
累積標高差	登り＝310m 下り＝310m
登山難易度	初級★★★
参考地図	金束

伊予ヶ岳の特徴的な山容は、西側の麓から眺めるのがおすすめだ。鋭い岩峰の南峰と、照葉樹木に覆われた最高峰の北峰からなる山容は、ボリューム感に満ちている。クサリの柵に囲まれた南峰に立つと、房総の山々が箱庭のように広がり、目の前には双耳峰の富山がひときわ印象深い。山の麓に点在する田畑や山村を結ぶ道が、複雑な地形を縫うように延びている。低山の魅力に満ちた房総の山ならではの、心和む光景が楽しめる。

登山は南麓の平群天神社からの頂上往復が多いが、ここでは下山に西面の「ふるさと自然のみち」を通り、平群天神社に戻る周回コースを紹介する。また、近年頂上から周回する新コースが開かれたので、こちらとの組み合わせも変化があって面白い（下段「コース情報」参照）。

鋸南富山IC方面から県道89号を走行し、平

▲大きな鳥居が立つ平群天神社の入口。駐車場はこの奥

久里中交差点を左折すると、すぐに左手に大鳥居が現れる。左折して鳥居をくぐると、すぐ右手に広い場所がある。ここが❶平群天神社の駐車場だ。京都・北野天満宮と同じく菅原道真をまつっている平群天神社には、県指定文化財の天神縁起絵巻が保管されている。また、すぐ近くには樹齢1000年ともいわれる夫婦クスの木

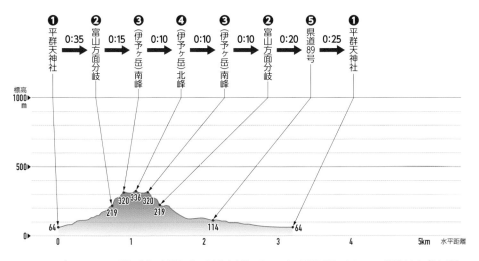

❶ 平群天神社	0:35	❷ 富山方面分岐	0:15	❸ (伊予ヶ岳)南峰	0:10	❹ (伊予ヶ岳)北峰	0:10	❸ (伊予ヶ岳)南峰	0:10	❷ 富山方面分岐	0:20	❺ 県道89号	0:25	❶ 平群天神社

コース情報　近年、北峰から伊予ヶ岳の東山腹をたどってコース中の展望台付近に出るコースが開設された（約1時間）。ただし、ロープのある急斜面やルート不明瞭箇所などの難所があるので注意。

▲富山方面分岐上部の展望台から富山方面を見る

▲（上）木の根が張り出した樹林をたどり富山方面分岐へ（下）富山方面分岐に立つ道標

が立っている。神社の背後には、ひときわ高く伊予ヶ岳の岩峰が眺められる。

　登山の安全を祈願したら、神社をあとにHEGURI HUB（旧平群小学校）脇の道を進む。山麓の整備された道は、低山の魅力に満ちている。冬は梅の香りが漂い、春にはまぶしい新緑の光景が楽しめる。シイやクヌギの雑木林は根が張り出して、濡れているとすべりやすい。杉林に入るとなだらかな登りの道が続く。❷富山方面分岐を左に見て急傾斜の道を登ると、あずまやが立つ展望台に着く。立派なベンチが置かれた展望台からは、富山や御殿山が眺望できる。

　展望台から伊予ヶ岳の頂上までは時間こそ短

▲南峰直下のロープ場。慎重に行動すればさほど難しくない

いが急登が続き、険しさが増してくる。クサリやロープづたいに岩混じりの斜面を10分ほど頑張れば伊予ヶ岳❸南峰に着く。西側が絶壁になっているので、クサリの柵で囲まれている。高度感満点の頂上に立つと、延々と続く房総の山並みが眺望できる。とくに伊予ヶ岳から眺める富山は魅力的で、南総里見八犬伝の舞台にふさわしい光景を見せる。

　山慣れた人は、目の前の小ピーク、伊予ヶ岳の北峰まで足を延ばしてみよう。踏み跡があるので注意してたどれば、10分ほどで❹北峰に着く。露岩の頂からは360度の眺望が広がり、こちらからも双耳峰の富山が箱庭のように眺められる。

　展望を存分に満喫したら、頂上をあとに富山

▲クサリに囲まれた伊予ヶ岳南峰の狭い頂上

コース情報　平群天神社入口にあるHEGURI HUBは食堂やシャワー、ソロキャンプ場、ゲストハウスなどがそろう複合施設。サイクリスト向けの施設だが、登山者も利用できる。☎0470-58-0312

▲西側山麓から望む伊予ヶ岳の全容

方面の分岐へ戻るが、南峰頂上直下の急斜面は滑落しないように慎重に下りたい。

❷富山方面分岐を右に入り、杉林のなかを進む。この道は「ふるさと自然のみち」で、踏み跡はつけられているが、盛夏は植生が繁茂するうえ、登山者も少ないことからクモの巣をかきわけて進まなければならないことがある。

盛夏以外でも少々やぶに覆われた道を下っていくと、やがて樹林帯を抜け出る。2つ目のソーラーパネルがある地点で舗装路に変わり、さらに下ると❺県道89号に出る。

ここからは車に注意して出発地の❶平群天神社へ向かうが、車道のところどころからは伊予ヶ岳の鋭い山頂部を眺めることができる。

道の駅富楽里とみやま

2023年にリニューアルオープンした道の駅。「富山（とみやま）の楽しい里」をコンセプトに、誰でも「ふらり」と立ち寄れるスポットになってほしいという願いが込められた施設で、富津館山道路のハイウェイオアシスの機能も担っている。観光インフォメーションセンターでは周辺の観光地などの案内や地図を入手できるので、登山の前に立ち寄っていきたい。2階には約200席あるフードコート、1階の直売・物産売り場では、とれたての新鮮野菜や魚介類などを直売している。富津館山道路を降りずにアクセスできるので、高塚山（P148）の行き帰りに立ち寄るのもよい。☎0470-57-2601／9～18時（土・日曜、祝日8時30分～18時）、不定休。

▲駐車場の収容台数も多い

高速道路走行のポイント

本来、高速道路は走りやすい道だ。交差点はなく、飛び出しもほぼない。とはいえ、スピードが出ているだけに大事故が発生しやすいのもまた事実。高速道では、自車と他車お互いの認識がまず第一だ。薄暗い雨の日は昼間でもヘッドライトを点灯しよう。風の強い日はトンネル出口や橋の上で風に流されやすいので、吹き流しにも注目だ。吹き流しが真横に流れていれば風速10m以上なので横風注意。また、トンネル入口や上り坂ではスピードが落ちやすい。追突を避けるためにも無意識の減速には気をつけたい。

▲景色に気をとられないこと（谷川岳）

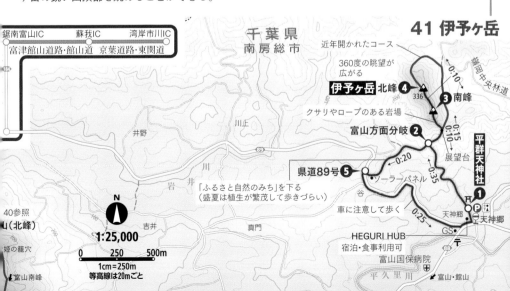

41 伊予ヶ岳

標高 216 m ｜ 千葉県 ｜ P187-C5

42 高塚山
(たか つか やま)

山麓を鮮やかに彩るお花畑を抜けて、太平洋を望む静かな頂へ

▲七浦の見事なお花畑から高塚山方面の山並みを望む

登山口まで約124km

湾岸市川IC

↓102km 東関道・京葉道路・館山道・富津館山道路

富浦IC

↓10km 国道127・128号

稲交差点

↓12km 県道187号、国道410号

**南房千倉大橋公園
（千倉大橋パーキング）**

緯度 34° 55′ 28″
経度 139° 56′ 35″

プランニングのヒント

往路の高速道路はさほど渋滞になることもないし、登山自体も2時間程度の山なので、移動も含め肩肘張らずに臨める。復路は週末の16～19時あたりは京葉道路の穴川ICやアクアラインの海ほたるを先頭とする渋滞が発生しがちなので、南房の道の駅めぐりなどをして時間を遅くして東京方面に戻るとよい。

登山口詳細MAP

駐車場情報

約25台が収容できる南房千倉大橋駐車場の正式名称は、「道の駅ちくら潮風王国第2駐車場」。道の駅とはいってもここは駐車場のみで、施設そのものは北東に1kmほどの場所にある。徒歩なら15分ほどだ。

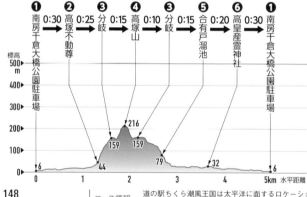

| ❶ 南房千倉大橋公園駐車場 | 0:30 | ❷ 高塚不動尊 | 0:25 | ❸ 分岐 | 0:15 | ❹ 高塚山 | 0:10 | ❸ 分岐 | 0:15 | ❺ 合有戸溜池 | 0:20 | ❻ 高皇産霊神社 | 0:30 | ❶ 南房千倉大橋公園駐車場 |

標高 500m・400・300・200・100・

216
159 / 159
44 / 79 / 32
6 / 6

0　1　2　3　4　5km 水平距離

コース情報　道の駅ちくら潮風王国は太平洋に面するロケーションに立つだけに、新鮮な魚介が魅力。食事はもちろん、おみやげ選びにも最適。9～17時、水曜休（1～4月・8月は無休）。☎0470-43-1811

山のプロフィール

房総半島南端の南房総市に位置し、太平洋に面した標高216m
の山。マテバシイに囲まれた頂上には高塚不動尊奥の院がまつら
れる。山麓には房総屈指のお花畑が広がり、真冬でも早春の彩
りが楽しめる。登山適期は10～5月、お花畑の見頃は2月中旬。

●問合せ先=南房総市観光協会千倉観光案内所☎0470-44-3581

歩行時間	2時間25分
歩行距離	4.9km
累積標高差	登り=248m 下り=248m
登山難易度	初級★★
参考地図	千倉

入門
初級
中級
上級

❶南房千倉大橋公園駐車場から国道410号
に向かう。国道を横切り、国道とほぼ並行する
露地花の里コースに入る。要所に案内板が設け
られ、迷うことはない。右手から七浦診療所か
らの道に出ると高塚不動尊は近い。

❷高塚不動尊からは照葉樹の森コースをたど
る。太平洋を背に畑のあぜ道を進み、うっそう
としたマテバシイの樹林帯に入る。最初は階段
状の急坂が続くが、すぐに傾斜はゆるくなる。
あせらずゆっくり登っていくと、やがて高塚山
頂上と汐の香コース入口、露地花の里コース入
口への❸分岐に出る。

高塚山方面に進み、苔むした石段を上がって
鳥居をくぐる。道は左から右に変わり、階段を
上がると高塚不動尊奥の院が立ち、その奥がマ
テバシイに囲まれた❹高塚山頂上だ。東側に広
大な太平洋と海岸沿いの町並みが俯瞰できる。

下山は❸分岐まで戻り、「汐の香コース入口」
方向へ。照葉樹の森コースの小路をたどれば、
❺合有戸溜池まで15分ほど。急斜面を下って
山麓の集落に出て、海辺の家並みとの間のあぜ
道を❻高皇産霊神社の前を通り、点在するお花
畑の彩りをゆっくり楽しみながら❶南房千倉大橋公園駐車場に向かう。

▲高塚山頂上からの太平洋

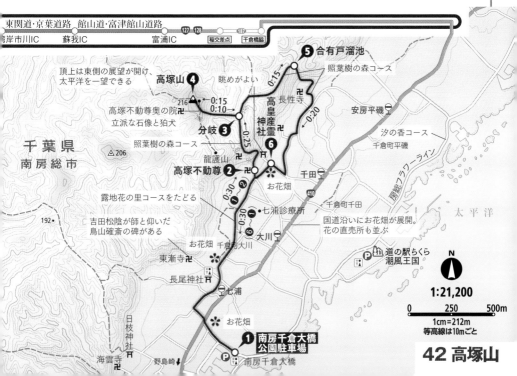

1泊2日

標高 **1272 m**(鍋割山)・**1491 m**(塔ノ岳) | 神奈川県 | P186-A2

43 鍋割山・塔ノ岳
なべ わり やま とう だけ

丹沢屈指の展望と人気を誇る2山を結ぶ1泊2日のミニ縦走

▲冬の鍋割山頂上からは富士山がきれいに浮かび上がる

登山口まで約55km

東京IC	
↓52km	東名高速・新東名高速
秦野丹沢スマートIC ※ETC装着車のみ利用可	
↓3km	県道705・706号 ほか
大倉	

緯度 35°24′15″
経度 139°10′08″

プランニングのヒント

ETC未装着車は新東名高速道の新秦野ICを利用する。健脚者なら日帰りも可能だが、それでも休憩時間を入れると9時間を超えるので、尊仏山荘に泊まるほうが負担は少ないし危険度も下がる。2日目は歩行時間が短いので、塔ノ岳の北にある日本百名山の丹沢山への往復(約2時間半)を加えるのもよい。

大倉には県立秦野戸川公園の駐車場(有料、約150台)があるが、入場できるのは8時から(閉場は21時)。早朝から登るなら対面に24時間利用可能なコイン駐車場(約40台)があるので、こちらを利用する。

山のプロフィール

塔ノ岳は表丹沢を代表する山で、東に表尾根、南に大倉尾根が延び、西には鍋割山稜が合流する。北に延びる稜線は丹沢山塊の中央部へと連なる。いっぽうの鍋割山は富士山の展望と鍋焼きうどんが人気の山だ。登山適期は盛夏を除く3～12月。

●問合せ先=秦野市観光振興課☎0463-82-9648

歩 行 時 間	1日目=5時間40分 2日目=2時間45分
歩 行 距 離	**17.8**km
累積標高差	登り=1631m 下り=1631m
登山難易度	**中級 ★★★**
参 考 地 図	秦野／大山

43

鍋割山・塔ノ岳

入門 初級 中級 上級

1日目▶①大倉からバスターミナルと車道をはさんだ食堂の脇を、鍋割山・二俣を示す道標に従って進む。舗装路から細い林道を抜けると西山林道に出る。ここを右手に折れ、しばらくは林道歩きとなる。尾関廣氏の胸像を過ぎると、まもなく**②二俣**。小草平への道を分けて勘七ノ沢を渡りなおも林道を進むと、ようやく林道終点に着く。水が入ったペットボトルが並んでいるが、これは鍋割山荘で使用する水だ。ボランティアだが、体力に余裕があれば運んでいこう。

ここからいよいよ登山道歩きとなる。植林内ののんびりした道が傾斜を増すと**③後沢乗越**に出る。ここからは北へ尾根上をたどり、鍋割山をめざす。鍋割山へは、雑木の繁る斜面の登りが続く。頂上付近まで来ると傾斜はおだやかになり、展望が一気に開けてくる。意外と花も多く、間近に望む富士山は圧巻だ。たどり着いた

▲二俣にはヤマビル撃退用の塩が置かれている

④鍋割山頂上には、鍋焼きうどんが大人気の鍋割山荘が立つ（P153コラム参照）。

頂上をあとに、東に延びる鍋割山稜をたどる。比較的おだやかな、手入れのよい道だ。ブナの森と眼下の展望を楽しみながら進む。小丸の先で**⑤二俣への分岐**を見送り、大丸から大きく下る。桟道や階段をたどると、まもなく**⑥金冷シ**。ここで帰路に使う大倉尾根と合流する。

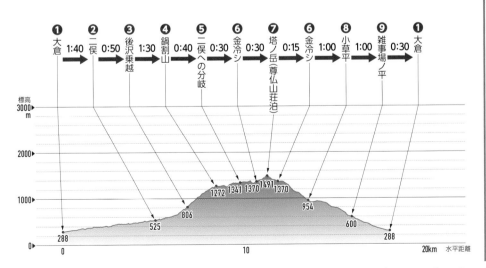

①大倉 1:40 ②二俣 0:50 ③後沢乗越 1:30 ④鍋割山 0:40 ⑤二俣への分岐 0:30 ⑥金冷シ 0:30 ⑦塔ノ岳(尊仏山荘泊) 0:15 ⑥金冷シ 1:00 ⑧小草平 1:00 ⑨雑事場ノ平 0:30 ①大倉

標高
3000m
2000
1000
0

288　　　　525　　806　1272 1341 1370 1491 1370　　954　　　600　　288

0　　　　　　　　　　　　10　　　　　　　　　　20km　水平距離

| コース情報 | 丹沢はヤマビルが多い。対策としては、①降雨時・降雨直後の登山を避ける　②市販品のヒル除けスプレーを標元や靴、靴下にこまめにかける　③休憩後は体やリックをチェック、など（続きはP152へ）。 |

▲大丸付近に広がる美しいブナの林

▲大倉尾根上部・花立からの塔ノ岳

ここから塔ノ岳までは登りが続く。木製階段を登り切ると、広々とした**❼塔ノ岳**の頂上に着く。宿泊する尊仏山荘は、いちばん北側にある。頂上からの展望は抜群で、夜景もまた格別だ。

2日目▶大展望を満喫したら、大倉尾根を下る。**❻金冷シ**を通過して花立の小ピークを越えると、花立山荘前に出る。ここから雑事場ノ平付近までは階段状の下りとなる。付近は植生回

復が計られ、緑が濃くなってきた。なお、大倉尾根の階段道は整備こそよくなされているが、高い段差があり、人によっては歩きづらいかもしれない。ストックを上手に使い、バランスをとりながら下るのがコツだ。

戸沢に下る天神尾根の分岐を過ぎれば、**❽小草平**に立つ堀山の家（週末営業）に着く。なおも駒止茶屋、見晴茶屋と週末営業の山小屋を過ぎ、**❾雑事場ノ平**で左手に折れ、薄暗い植林内の道へ入っていく。まっすぐ進む道には、大倉高原テントサイトや水場（要煮沸）、トイレがある。

双方の道は10分ほど進んだ地点で合流し、さらに下っていく。観音茶屋の軒先をくぐるように進むとまもなく幅の広い道になり、**❶大倉**へ下山する。

▲大倉尾根の階段道。秦野盆地を前に下っていく

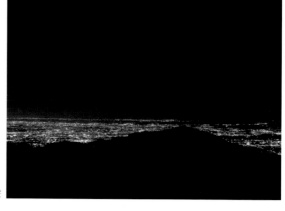

▶塔ノ岳からの夜景。宿泊してこそ楽しめる絶景だ

コース情報 （P151からの続き）。ヒルに血を吸われたらすぐ体から離し（その際、塩や薬品で必ず駆除すること）、傷口を指でつまみ血を押し出す。そして傷口を洗い、虫刺され薬を塗布しばんそうこうを貼ろう。

尊仏山荘と鍋割山荘

コース中には大倉尾根沿いに多くの山小屋があるが、大半は週末のみの営業か、売店としての営業となる。そのなかにあり、塔ノ岳頂上の尊仏山荘（☎070-2796-5270・要予約）は、丹沢でも数少ない通年営業の山小屋だ。鍋割山頂上に立つ鍋割山荘（☎090-3109-3737）も以前は通年営業だったが、現在の宿泊は大晦日のみ。ただし売店の営業は継続し（月・金曜定休、火～木11時～、土日、祝日10時～遅くとも13時まで）名物の鍋焼きうどんを味わうことができる。

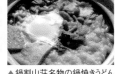

▲鍋割山荘名物の鍋焼きうどん

高速道路で故障したら①

最近のクルマは故障することは稀だが、年数が経過したクルマなどはその限りではない。故障の際はあわてずにハザードランプをつけ、後方確認をしたうえで路側帯に寄せる。路側帯がない場所では、少しでも広い場所まで自走する。すぐ近くにパーキングやバス停がある場合は、自走できるなら可能な限り走ってしまったほうがいい。停止後は、同乗者を必ず左ドアから降ろしてガードレールの外に退避させ、発煙筒（使用期限あり）や停止表示板をクルマから50m以上後方に置く（続きはP175へ）。

▲発煙筒の有効期限は4年。LED式のものもある

もうひとつの塔ノ岳へのメインコース。ヤビツ峠から登り5時間、下り4時間

水は要煮沸

1:50,000

0 500 1000m

1cm=500m
等高線は20mごと

43 鍋割山・塔ノ岳

標高 1601 m ｜ 神奈川県 ｜ P186-A2

44 檜洞丸
（ひのき ぼら まる）

ブナ林に抱かれた西丹沢の盟主。ツツジ咲く深山の趣深い山稜へ

▲檜洞丸のなだらかな頂稜に続く木道。ブナ林の林床にはバイケイソウの群落が広がる

登山口まで約85km

東京IC	
↓58km	東名高速
大井松田IC	
↓12km	国道255・246号
清水橋交差点	
↓15km	県道76号

西丹沢ビジターセンター

緯度 35°28′18″
経度 139°03′46″

プランニングのヒント

休憩時間を入れると9時間近いため、実質的には山麓での前泊か、頂上の山小屋での宿泊が現実的。健脚者なら檜洞丸登頂後に青ヶ岳山荘に宿泊し、犬越路～大室山～加入道山を経てガイドコースの用木沢出合に下るプランもある（約8時間30分）。犬越路避難小屋は緊急施設のため、宿泊に使用しないこと。

登山口詳細MAP

駐車場情報　ビジターセンター手前に約10台収容の駐車場がある（路上駐車厳禁）。満車時は約1.5km手前の観光客用駐車場（約30台・夜間駐車禁止）か箒杉公園（約10台）へ。駐車後はバスか徒歩で登山口へ向かう。

山のプロフィール

標高1600mを誇る、西丹沢の雄峰。美しいブナの山だが、近年は枯死木が増えているのが残念だ。5月末から6月上旬にかけてシロヤシオやトウゴクミツバツツジがいっせいに咲き誇る光景は実に見事。登山適期は4～11月だが、盛夏は避けたい。

●問合せ先＝山北町観光協会☎0465-75-2717

歩 行 時 間	7時間55分
歩 行 距 離	12.3km
累積標高差	登り＝1388m 下り＝1388m
登山難易度	中級★★★★
参 考 地 図	中川

44
檜洞丸

入門

初級

中級

上級

檜洞丸は西丹沢を代表する山の一つ。ここで紹介するツツジ新道のほか、同じ中川川側からの石棚山稜、玄倉川側からの同角山稜、神ノ川側からの矢駄尾根コースなど、多くの登山ルートがある。トウゴクミツバツツジやシロヤシオが乱れ咲く初夏や、ブナやカエデがカラフルに山肌を染める秋は絶好の登山シーズンだ。

紹介する周回コースは行程が長いので、早朝の出発を心がけたい。たっぷりと余裕をもって登山を楽しむなら、中川温泉などでの前夜泊か頂上近くに立つ青ヶ岳山荘（P157コラム参照）で1泊するプランがおすすめだ。

なお、起点の西丹沢ビジターセンターの駐車場は収容が少ないぶん週末などは駐車場以外への駐車があとを絶たず、バスの運行に支障をきたしている。路上駐車はせず、手前の観光客用駐車場を利用する（P154「駐車場情報」参照）。

❶西丹沢ビジターセンターの前から歩き始める。車道を10分弱進んだ先にある、小さな沢の出合が登山口。いったん沢筋を歩き始め、すぐ左手の斜面をジグザグに登る。しばらくは広葉樹林の山腹につけられたゆるやかな道が続く。

わずかに下ると❷ゴーラ沢出合となる。以前は仮橋があったが、近年は徒渉を強いられる。増水時でなければ適当な場所を探し、飛び石で渡れるだろう。ここで水も補給しておこう。

▲小沢の出合にある檜洞丸への登山口（ツツジ新道入口）

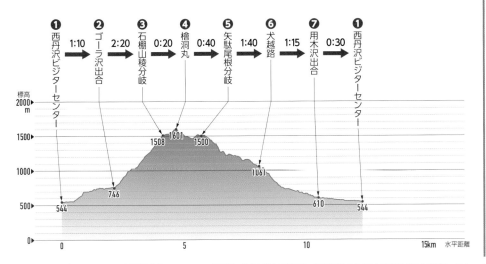

コース情報　西丹沢ビジターセンターは西丹沢の自然に関する展示や、安全に登山をするためのアドバイスを行っている。入館無料、8時30分～16時30分（冬期短縮）、月曜休（祝日の場合は翌日）。☎0465-78-3940

155

▲ゴーラ沢出合の手前から見た権現山(右)

▲ゴーラ沢出合。水量が多いときは徒渉が困難になる

ここからいよいよツツジ新道の登りとなる。尾根末端のコンクリート階段から登り始めると、補助のクサリがつけられた急傾斜となる。先が心配になるが、この急登はわずかな区間だ。しかし、その後も着実な登りが続く。小ピークを越えてわずかに下ると、左手から巡視路が合流する。ブナが目立つのはこのあたりからだ。幅の狭い尾根道を登ると展望園地に出る。ベンチが置かれた絶好の休憩ポイントだ。

展望園地を離れると、尾根の左右はブナの森だ。途中、短いハシゴなどを織り交ぜながらの登りが続く。標高1300m前後からトウゴクミツバツツジとシロヤシオが急に増えて、開花時期には景色が一変する（開花時期は年によりかなり変動し、花付きも当たり年とはずれ年がある）。また、このあたりからは植生保護のため、木製階段などが敷設される箇所が多くなる。

ここまでの登り一辺倒の登山道が平坦となり

ひと息つくと❸石棚山稜分岐で、右手から石棚山からの道が合流する。このあたりも花がすばらしい。さらに進むと平坦な頂稜に延びる木道となる。この木道は夏に咲くバイケイソウの群落を保護するために設けられたものだ。木道終点から、ゆるやかな登りとなる。明るいブナの森には巨樹が多いが、枯死木も少なくない。登り詰めれば待望の❹檜洞丸の頂だ。

樹林に覆われた頂上には、比較的新しい祠が

▼シロヤシオとトウゴクミツバツツジの共演

▲避難小屋が立つ犬越路。左手が下山路だ

コース情報　西丹沢ビジターセンターへの県道76号沿いに入浴施設の中川温泉ぶなの湯がある。2時間750円、10～18時（3～11月の土・日曜、祝日は～19時）、月曜休（祝日の場合は翌日）。☎0465-78-3090

▲犬越路からの大コウゲと檜洞丸（右）

▲檜洞丸頂上（奥に見えるピークは蛭ヶ岳）

まつられている。西側の犬越路方面に進むと展望が開け、大室山方面がすっきりと見渡せる。また、頂上から東側へ数分下ると、予約制の山小屋・青ヶ岳山荘がある。

　頂上をあとに犬越路へと下る。木製の階段を下っていくと視界が大きく開け、大室山や富士山などが望める。熊笹ノ峰を越えると❺矢駄尾根分岐に出る。さらに大コウゲ、小コウゲと小ピークを越えながら山稜を進む。長いハシゴを慎重に通過し、さらに下っていくと避難小屋が立つ十字路の峠、❻犬越路に着く。

　ここから用木沢を下っていく。笹が覆う道を抜け、沢のガレを下る。傾斜がゆるみ、やがて大きな堰堤の上の広い河原に差しかかる。用木沢を渡り返し、右手から林道が合流すると❼用木沢出合に出る。あとは車道を❶西丹沢ビジターセンターへとたどるだけだ。

役場の情報を活用する

　山岳地を多く抱える市町村役場や観光協会のホームページは、登山情報だけでなく登山口までの道路情報・交通規制情報も充実している。県の建設事務所などともリンクしているので、登山の数日前にチェックするといい。もし登山の1週間前〜前日に大雨や台風の通過があった場合は、市町村の建設課や観光課に電話をして状況確認を。

▲山梨県庁のホームページでは県営林道の規制情報がチェックできる

青ヶ岳山荘

　檜洞丸頂上から東へ3分ほど下ったところに立つ、ファンの多いアットホームな山小屋。青ヶ岳という名は、かつてこの山が北麓の旧青根村の所属となった際に名づけられたようだ。通年営業で、食事つきの宿泊も可。宿泊の際は3日前までに予約が必要。テント場はない。☎090-5438-2574（ショートメールでの予約を希望）。

個室も用意されている

---

44 檜洞丸

N

1:50,000

0　500　1000m

1cm=500m
等高線は20mごと

神奈川県
山北町

相模原市

加入道山
・919

大室山

神ノ川ヒュッテ
・764

神ノ川
ヒュッテ

・1055

大杉丸
・1168

❻犬越路

・1021

犬越路避難小屋
緊急時以外使用不可 ・996

1:15

1164

犬
越
路
隧
道

1:40

ハシゴ、クサリ

矢
駄
尾
根

・1252

812・

東海自然歩道

急坂

1288

用木沢公園橋

ガレた沢
（通過注意）

小コウゲ

❺矢駄尾根分岐

用木沢出合❼

0:30

大コウゲ

熊笹ノ峰
1523

・1119

白石オートキャンプ場

・1125

シロヤシオ
トウゴクミツバツツジ

クサリ

0:40

・849

バウアーハウスジャパン

・1114

バイオトイレ
（有料）

・911

819・

西丹沢
ビジターセンター

登山口

ゴーラ沢出合❷

ツツジ新道

❹檜洞丸

155ⁿ
1601

❶西丹沢ビジターセンター

徒渉
1:10

・855

2:20

急登が続く

展望園地

0:20

青ヶ岳山荘

蛭
ヶ
岳

西丹沢ビジターセンター

ウェルキャンプ西丹沢

・1065

石棚山稜分岐❸

バイケイソウ群落地。木道を歩く

金山谷乗越
1344

権現山
・1138

・708

路上駐車は厳禁

P

246 255
76 清水橋

東名高速道路

大井松田IC　東京IC

石
棚
山
稜

・1353

・1338

ユーシン

檜
洞
・911

・1344

45 金時山
きんときやま(さん)

明るく開けた頂上は、秀麗な富士山の大展望台として大人気

登山口まで約94km

東京IC	
↓84km	東名高速
御殿場IC	
↓10km	国道138号

金時公園駐車場

緯度 35°16′41″
経度 139°00′09″

▲ 金時山頂上から見た富士山。この景観を見るためにこの山に登るといっても過言ではない

プランニングのヒント

　人気の山だけに、週末は早朝から駐車場が満車になる。東名高速の渋滞回避と併せ、早めに到着したい。道はよく整備されているが、金時山の頂上の前後や乙女峠周辺などに急な登り下りがあり、スリップに注意すること。時間に余裕があれば、乙女峠から外輪山縦走路を直進し、好展望の丸岳（1156m）を往復してこよう（1時間10分）。

登山口詳細MAP

駐車場情報

登山口の右横に無料の金時公園無料駐車場があるが約10台分と少ないため、満車時は箱根側そばの金時ゴルフ練習場の駐車場か、国道の対面にある金時山登山口駐車場（ともに有料）を利用する。トイレは無料駐車場の脇にある。

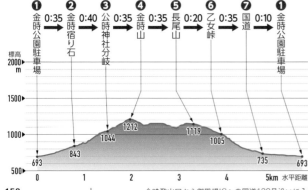

❶金時公園駐車場 0:35 ❷金時宿り石 0:40 ❸公時神社分岐 0:35 ❹金時山 0:35 ❺長尾山 0:20 ❻乙女峠 0:35 ❼国道 0:10 ❶金時公園駐車場

｜ コース情報 ｜ 金時登山口から御殿場ICへの国道138号沿いに入浴施設の富士八景の湯がある。1000円（土・日曜、祝日1300円）、10～21時、7～9月を除く第2・4木曜休（祝日の場合は翌日）。☎0550-84-1126

山のプロフィール

箱根外輪山第3位の標高をもつ、富士山展望にすぐれた山。とくに冬は澄んだ大気のもと、雪を戴いた頂が間近に迫り圧巻。登山口の公時神社や金時宿り石などの金太郎伝説にも包まれた、楽しく味わい深い名峰だ。登山適期は盛夏と降雪直後を除く通年。

●問合せ先=箱根町観光協会☎0460-85-5700

歩行時間	3時間30分
歩行距離	5.6km
累積標高差	登り=637m 下り=637m
登山難易度	初級★★
参考地図	関本／御殿場

❶金時公園駐車場先の鳥居をくぐって右手にと進むと公時神社が立ち、拝殿横から檜林のなかをまっすぐ登る。奥ノ院への入口を右に見送って登ると❷金時宿り石に着く。ここから熊笹の繁る急登をこなすと、外輪山縦走路上の❸公時神社分岐に着く。ここからも急峻な低木帯で、深くえぐれた登山道を登り詰める。足元はゴロゴロした石が詰まり歩きづらいが、すぐに金太郎茶屋と金時茶屋、有料トイレがある❹金時山頂上に出る。西方には、御殿場市街をはさんで富士山がたたずんでいる。

頂上をあとに、乙女峠をめざす。アップダウンをくり返しながら展望のない❺長尾山を越え、丸太で補強された段々や岩根が飛び出した道を大きく下ると❻乙女峠に出る。一角にはベンチが設けられ、広い箱根の景観が楽しめる展望所だ。ここで外輪山縦走路をはずれて南東へ急傾斜を下っていくが、道は火山性の岩礫が転がり歩きづらい。傾斜がゆるみ、土のえぐれた植林帯を過ぎると❼国道に出る。ここからは車に注意して、起点の❶金時公園駐車場へ。

岩礫の詰まった金時山頂上直下の急峻な登り。足元に注意して進もう

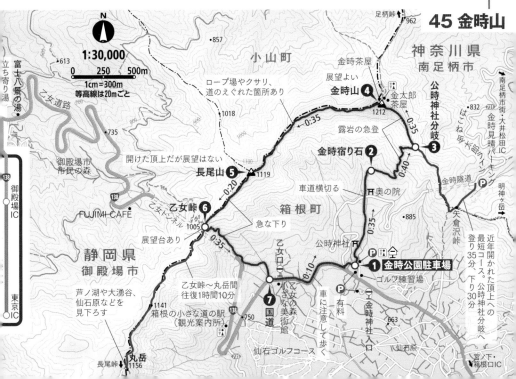

46 天城山
あまぎさん

シャクナゲが咲き誇る伊豆半島の最高峰をめざす

▲万二郎岳直下の露岩からの馬ノ背の山稜と、わずかに頂をのぞかせる万三郎岳（中央やや左）

登山口まで約140km

東京IC	
↓67km	東名高速、小田原厚木道路、西湘バイパス
箱根口IC	
↓24km	箱根新道、県道20号
熱海峠IC	
↓49km	伊豆スカイライン、県道111号
天城高原登山者用駐車場	

緯度 34°52′23″
経度 139°01′24″

プランニングのヒント

　登山口の天城高原登山者用駐車場へは、小田原から箱根、伊豆スカイラインを経由する山越えルートと、国道135号を経由する海沿いのルートがある。後者は熱海や伊東市街を通るため、土・日曜、祝日は混雑する。前者は有料道路の走行距離が長いぶん費用はかさむが、時間の節約ができるのがメリット。

登山口詳細MAP

駐車場情報　天城高原ゴルフコースの駐車場の手前に登山者用の無料駐車場が設けられている（約100台）。トイレと靴の洗い場あり。天城山への縦走路入口は道路をはさんだところにある。

山のプロフィール

天城山は伊豆半島中央部に東西に延びる山稜を取りまく山系の総称で、山中に甘木(天城甘茶)が多いことが山名の由来ともいわれる。その最高峰がブナ林やシャクナゲに彩られた万三郎岳だ。登山適期は盛夏を除く4～11月。シャクナゲの見頃は5月中～下旬。

●問合せ先=伊豆市観光協会天城支部☎0558-85-1056

歩行時間	4時間25分
歩行距離	8.1km
累積標高差	登り=729m 下り=729m
登山難易度	中級★★★
参考地図	天城山

海に近い温暖湿潤な気候と火山としての生い立ちにより、豊かな自然が育まれてきた天城山。「アマギ」の名が冠された固有種をはじめ特徴ある植生や変化に富んだ自然景観は、天城登山の魅力であり、見どころといえる。

その主峰であり、伊豆半島の最高峰が万三郎岳だ。日本百名山の一峰でもあることから、春先のマメザクラの開花からツツジ、シャクナゲへと花が移ろう時期を筆頭に、紅葉に彩られる秋まで、登山者が絶えることがない。

天城高原には登山者用の立派な駐車場が用意され、ここを起点に万二郎岳から万三郎岳～涸沢分岐点を経由する周回コースがとれるため、マイカー利用者に人気のコースとなっている。

天城高原ゴルフコースに隣接する、❶**天城高原登山者用駐車場**からスタートする。道路をはさんだ西側に「天城縦走路入口」の標柱と案内

図が立っている。登山道に足を踏み入れると、伊豆の山ならではのリョウブやヒメシャラなど、特徴ある植生が道脇に展開する。

尾根をまたぐようにして短く下ると、❷**四辻**(万二郎登山口)に着く。ここで涸沢分岐点への道(下山で通る)を見送って左(南)方向に折れ、谷沿いにつけられた道を登っていく。

「万二郎岳まで0.8km」の標識を見てガレ沢を横切ると、頂上に向けて傾斜が強まってくる。丸太組みの階段を抜けて傾斜がゆるんでくる

▲駐車場のすぐ向かいに縦走路の入口がある

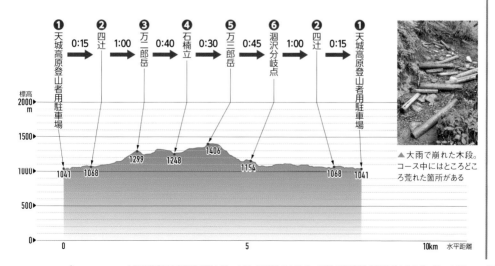

| ❶天城高原登山者用駐車場 | 0:15 | ❷四辻 | 1:00 | ❸万二郎岳 | 0:40 | ❹石楠立 | 0:30 | ❺万三郎岳 | 0:45 | ❻涸沢分岐点 | 1:00 | ❷四辻 | 0:15 | ❶天城高原登山者用駐車場 |

▲大雨で崩れた木段。コース中にはところどころ荒れた箇所がある

（標高 2000m / 1500 / 1000 / 500 / 0）
1041 1068 1299 1248 1406 1154 1068 1041
0　　　　5　　　　10km　水平距離

コース情報　大雨の影響で木製階段が崩れていたり、下山路のトラバース道に崩壊気味の箇所があるなど、思いのほか歩きづらい。また、濡れている木製階段や苔むした岩、ぬかるみでのスリップにも注意したい。

入門 初級 中級 上級

▲樹林に囲まれた万次郎岳頂上

◀登山道を華やかに彩るトウゴクミツバツツジ

と、木々に囲まれてこぢんまりとした雰囲気の❸万二郎岳頂上に着く。

展望を楽しむには、万三郎岳へ向けて西へ数分下った露岩上がいいだろう。行く手には馬ノ背の山肌の左肩にめざす万三郎岳が顔を出し、北側には富士山、東側には東伊豆の海岸線も俯瞰できるが、転落には注意したい。

この展望ポイントから急斜面を下って鞍部に降り立ち、ついで馬ノ背の登りへと移る。登り切って見事なアセビのトンネルを抜けると、マメザクラの古木がたたずむ❹石楠立の鞍部に出る。ここから万三郎岳へは、ブナの巨木と天城山の固有種であるアマギシャクナゲが群生する道を登っていく。

5月中旬から下旬にかけての花期には、新緑とピンクの花が山稜を覆う、見事な景観を堪能できる。またこの時期、シャクナゲに加え、トウゴクミツバツツジも随所に咲き、山稜は華やかだ。

一等三角点が設置されている最高点の❺万三郎岳頂上だが、おおむね木々に囲まれてすっきりした展望は得られない。

帰路は、稜線から離れて北側の山腹を横切るようにたどるシャクナゲコースで、四辻へと周回する。

万三郎岳頂上から天城縦走路を西へわずかに進むと、ブナ林に覆われた台地に涸沢分岐点への下り口（万三郎岳下分岐点）がある。縦走路

▼万三郎岳の頂上周辺には美しいブナ林が広がる

▲万三郎岳頂上に立つ案内板

▶涸沢分岐点に立つ年季が入った道標

はなお西へ、八丁池、天城峠方面へと続いている。

「涸沢分岐点0.9km」の道標に従って右へ折れ、崩れた箇所がある丸太の階段道を、ひたすら下っていく。階段道が終わり、右手の山腹を横切る道に変わると、涸沢分岐点は近い。

❻涸沢分岐点からは、なおも左手が急斜面になった山腹の道が続く。途中道がわかりづらいところが数箇所あるが、テープなどの目印を見落とさないよう注意して進もう。

やがてヒメシャラの美林を抜けると、往路に通過した❷四辻に出て、❶天城高原登山者用駐車場へと戻っていく。

▲ヒメシャラの林を抜けて四辻へと戻る

アマギシャクナゲ

アマギシャクナゲは石楠立〜万三郎岳頂上および頂上〜涸沢分岐点間に群生し、淡い紅紫色の花を咲かせる天城山の名花だ。以前はアズマシャクナゲまたはキョウマルシャクナゲと同一種と見られていたが、現在では独立した変種として認められている。東北から関東、中部に多いアズマシャクナゲの花冠は5裂するが、アマギシャクナゲは6裂や7裂するものが混じり、また葉の質が厚いことから変種として区別され、天城山の固有種（伊豆半島の固有種ともされる）として「アマギ」の名が冠されている。

▲この花をめあてに登る人も多い

伊東の共同浴場、和田寿老人の湯

伊東市街の国道135号沿いにある共同浴場で、伊東で最も歴史のある共同浴場だった和田湯会館が前身。なまこ壁と宮づくりの外観が、風情ある温泉街によく溶け込んでいる。浴室（男女別の内湯のみ）は昔ながらの趣で、江戸時代、三代将軍家光に献上したという独自の源泉から引かれた湯は、単純温泉で無色透明。泉温も約44℃と理想的だ。伊東市街にはほかにも「七福神の湯」と称される共同浴場が点在する。
☎0557-37-0633
300円、14時30分〜22時30分、水曜休（偶数月に臨時休業あり）。

▲鉄筋3階建ての近代的な建物

46 天城山

N

1:25,000
250　500m
1cm=250m
等高線は20mごと

静岡県
伊豆市
東伊豆町

地蔵堂
菅引
伊豆スカイライン・伊東
天城縦走登山口
天城高原IC
1058
天城高原登山者用駐車場 ❶
天城縦走路入口
天城高原ゴルフコース
菅引分岐 0:15
天城高原ゴルフコース

伊豆スカイライン
熱海峠IC
箱根新道
箱根峠IC
箱根口IC
西湘BP・厚木
小田原厚木道路
東名高速道路
東京IC

石柱101地点
シャクナゲコース
ルート注意
涸沢分岐点 ❻
1168
ヒメシャラの美林
1:00
❷四辻
（万二郎登山口）

アマギシャクナゲ
0:45
急坂の長い下り
道の左側が急斜面の山腹道
ブナの巨木が並ぶ原生林

美しい樹林帯
1:00
山肌が崩壊したガレ場を横切る。コース指示と落石に注意
山稜の北側直下に崩壊箇所あり。足元に注意

天城山
片瀬峠
1406
❺万三郎岳
万三郎岳下分岐点
ブナ林が美しい
0:30
❹石楠立
ブナ林が美しい
伊豆半島の最高地点
アセビ
馬ノ背
1325
小さな露岩から天城の山々をはじめ富士山を眺望
0:40
トウゴクミツバツツジ
1299
❸万二郎岳
1187
樹林に囲まれこぢんまりとした頂上

天城縦走路
八丁池
天城峠
小岳
1360

標高 **1504** m ｜ 静岡県 ｜ **P186-B1**

47 越前岳

えちぜんだけ

富士山を正面に見据える愛鷹連峰の最高峰

▲馬ノ背から富士山を望む。山腹をえぐる宝永火山がはっきりと見てとれる

登山口まで約108km

東京IC	
↓94km	**東名高速**
裾野IC	
↓7km	**県道24号ほか**
須山交差点	
↓7km	**国道469号**
十里木高原駐車場	

緯度 35°15′22″
経度 138°47′01″

プランニングのヒント

頂上付近で見ることができる愛鷹山の固有種であるアシタカツツジは、5月中旬から6月上旬が見頃。短時間で登れるので、物足りない人は頂上から東の尾根を下り、富士見台（P167コラム参照）か、その先の鋸岳展望台まで足を延ばしてみよう（頂上～鋸岳展望台間往復約2時間）。

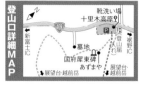

駐車場情報 ｜ 十里木高原に舗装された無料駐車場がある。駐車台数は約40台。傍らにはトイレと登山届入れがあり、さらに泥で汚れた登山靴の洗い場もある。

山のプロフィール

富士山の南側に対峙するようにそびえる愛鷹（あしたか）連峰は、黒岳、呼子岳、大岳などからなる連山。その最高峰が越前岳だ。山腹にはブナやアシタカツツジなどの木々が枝を広げ、各展望台からは裾野を広げる富士山の眺めが雄大だ。登山適期は3 〜 12月。

●問合せ先＝裾野市産業観光スポーツ課☎055-995-1825

歩 行 時 間	3時間50分
歩 行 距 離	5km
累積標高差	登り＝633m 下り＝633m
登山難易度	初級★★
参 考 地 図	愛鷹山／印野

越前岳は日本二百名山に選ばれ、山上へは四方から登山道が延びる。ここでは最も一般的な北面の十里木高原からのコースを往復しよう。

❶十里木高原駐車場（じゅうりぎこうげんちゅうしゃじょう）で準備を済ませたら出発となるが、十里木高原展望台までは直登ルートと右から迂回するルートがある。直登ルートはトイレの右側から階段道を登っていく。いきなりの急登に息が上がるので、マイペースでゆっくり登っていこう。足慣らしでのんびり行くなら、ススキの原が広がる高原の散策路を右へと進む。すぐにあずまやがあり、漢詩人・国府犀東（こくふさいとう）の七言絶句の石碑がある。その先から左へと尾根づたいに登っていく。

駐車場から20分ほどで1つ目の電波塔の下に櫓（やぐら）が組まれている❷十里木高原展望台（じゅうりぎこうげんてんぼうだい）に着く。展望台からはゴルフ場の先に大きく裾野を広げる富士山が望める。山腹に大きく火口を広

▲登山口となる十里木高原駐車場

▲ガスのなかの十里木高原展望台

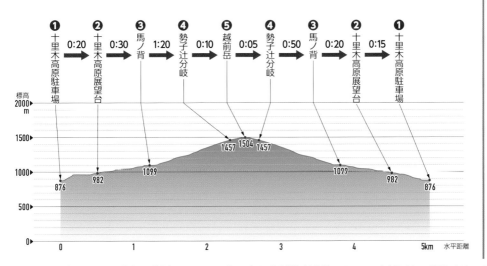

❶ 十里木高原駐車場	0:20	❷ 十里木高原展望台	0:30	❸ 馬ノ背	1:20	❹ 勢子辻分岐	0:10	❺ 越前岳	0:05	❹ 勢子辻分岐	0:50	❸ 馬ノ背	0:20	❷ 十里木高原展望台	0:15	❶ 十里木高原駐車場

標高 2000m / 1500 / 1000 / 500 / 0

876　982　1099　1457 1504 1457　1099　982　876

水平距離　0　1　2　3　4　5km

コース情報　紹介した十里木からのコース以外に、東面の愛鷹神社（山神社）からのコースも人気が高い。稜線に上がってからは各所に展望ポイントのある尾根道をたどり、越前岳をめざす。登り約3時間、下り約2時間。

▲ブナの大木が点在する登山道

◀勢子辻の分岐道標

げる宝永山が印象的だ。

▲固有種のアシタカツツジ。葉が5葉、花弁が5枚あるのが特徴

　展望台を過ぎると傾斜もゆるんでくる。笹に囲まれた道を進むと、じきに2つ目の電波塔を左に見送る。この先で樹林のなかへと入っていく。階段状に整備されたゆるやかな道を進むといったん樹林を抜け、前方にこれから登る越前岳が姿を現す。再び樹林となるが、それを抜けると笹峰ともよばれる❸馬ノ背に到着する。ベンチやテーブルが整備され、三等三角点があり、

ここからも見事な富士山が展望できる。

　馬ノ背からは樹林帯へと入っていく。だんだん急になり、道も一部荒れてくる。溝状に掘られた道は雨のあとはすべるため、両側に新しい道がつけられている。

　登山道沿いにはブナやリョウブ、ヒメシャラなどの広葉樹が多く、新緑や紅葉のころはきれいだ。ところどころに苔むした立派なブナが点在し、目をひく。さらに、ミズナラやカエデ類が枝を広げている。ミツバツツジやアシタカツツジ、ヤマボウシなども見られる。秋、林床ではトリカブトやテンニンソウ、シロヨメナなどが咲いている。

　豊かな森を登っていくとやがて❹勢子辻分岐で、右から道を合わせる。ここからゆるやかに10分ほど登れば❺越前岳の頂上だ。二等三角点が置かれた山上は、以前に比べると木々が大きくなっているが、富士山をはじめ、愛鷹連峰の呼子岳、大岳、さらに銀色に輝く駿河湾などが望める。頂上の一角には、手づくりの祠のなかに可愛いお地蔵さんがまつられている。

　下山は往路を戻るが、❹勢子辻分岐から下の

他車からのサインを読み取る

　高速道路は速度が速いだけに、一瞬のミスが事故につながる。だからこそ、漫然と運転せず（高速はスピードこそ出ているが、運転自体は単調なためそうなりやすい面がある）、周囲を絶えずチェックしていれば、意外と他車の動きがわかることもある。

　高速道路で多い事故原因の一つである車線変更を例にとれば、頭のなかで車線変更を考えていると、無意識のうちに変更したい車線の方へ微妙に車が寄っていくという。隣の車線の前方の車がそのような動きをしているようなら、アクセルをゆるめて間を空けてみよう。「待ってました！」といわんばかりに移ってくることも多いはずだ。

　他車の突然の動きに刻々と対処するためには、道交法にもあるように、車間距離を確保しておくことが基本だ。

▲高速道路のICやJCTも事故が多い

コース情報　下山後の入浴には、裾野ICの手前にヘルシーパーク裾野がある。内湯や露天風呂、サウナなどを完備。3時間700円（19時以降500円）、10〜21時、無休（臨時休館日あり）。☎055-965-1126

▲越前岳から大岳（左）と駿河湾方面を望む

溝状に掘られた登山道はところどころ段差があってすべりやすいので、足元に十分気をつけながら下りたい。

▲越前岳頂上

富士見台

頂上から黒岳方面へ下った地点にある。ここは写真家・岡田紅陽が撮影に通った場所で、1938（昭和13）年発行の50銭紙幣の図案に採用されている。裾野の広がりを感じる展望が見事だ。往復約50分。

（越前岳登山口）
十里木高原　①十里木高原駐車場
十里木
・892
時間に大差はないのでこの道をたどってもよい
富士山こどもの国
・848
469
・796
富士市
子ノ神

十里木高原展望台　②
広大な裾野を前景に富士山を雄大に眺めるビューポイント

電波塔
電波塔　③馬ノ背
1099　ここからの富士山の眺めもすばらしい

ミツバツツジ
アシタカツツジ
ヤマボウシ

ブナやリョウブ、ヒメシャラなどの広葉樹の尾根を行く
・898

勢子辻分岐　④
越前岳　⑤
1014
△1504
展望のよい頂上
呼子岳・割石峠→

富士サファリパーク
須山
・724
静岡県
裾野市
黒岳
△1087
展望台
愛鷹山口
大沢林道
愛鷹山荘（山神社）
愛鷹神社
・976
・876

鋸岳展望台
南面に荒々しい鋸岳の姿を望む
1336
1330m
富士見台
ガレ場注意
ここからの富士山の眺めはかつて50銭紙幣の図案に採用された
・954
割石峠
1336m

469　須山
下和田
裾野IC
東名高速道路
東京IC

N
1068・
1:50,000
0　　500　　1000m
1cm=500m
等高線は20mごと

47 越前岳

標高 **1964 m（最高点）** 静岡県・山梨県 **P186-B1**

48 毛無山
けなしやま

天子山塊最高峰。山麓からの大きさに圧倒される

▲南東麓の富士宮市麓（ふもと）集落からの毛無山。堂々とした姿が印象的だ

登山口まで約150km

東京IC

↓122km **東名高速・新東名高速**

新富士IC

↓25km **西富士道路、国道139号**

ふもとっぱら入口

↓2.5km **市道**

毛無山駐車場

緯度 35°23′58″
経度 138°33′15″

プランニングのヒント

登山口までは、新東名高速新富士IC、中央道富士吉田線河口湖IC、どちらからもほぼ同距離でアプローチできる。登山は標高差が1100m近いため、それなりの体力が要求されるとともに、岩場も点在するので行動には注意が必要。なお、地蔵峠を経由しての下りは荒れた沢を下る上級コースとなるため、不用意に入り込まないように。

登山口詳細MAP

駐車場情報

国道139号から市道に入り、突き当たりを左折して進むと毛無山駐車場がある（有料、約20台）。満車時は国道139号の朝霧高原側にある朝霧高原さわやか駐車場（無料、約15台、トイレあり）を利用して登山口まで30分強歩く。

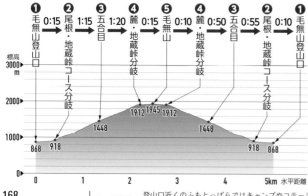

コース情報 登山口近くのふもとっぱらではキャンプやコテージでの宿泊ができ、前泊に最適（ホームページから要予約）。デイユース（8時30分〜17時）も可能なので、施設内に駐車して毛無山登山に臨むこともできる。

山のプロフィール

朝霧高原をはさんで富士山の西側に対峙する天子山塊。その最高峰が毛無山だ。森林限界をわずかに超えた頂上からは、大沢崩れが刻まれた富士山を正面に望む。しかし、そこに立つにはひたすら急登をこなす必要がある。登山適期は4月〜11月上旬。

●問合せ先＝富士宮市観光課☎0544-22-1155

歩行時間	5時間10分
歩行距離	5km
累積標高差	登り＝1076m 下り＝1076m
登山難易度	中級★★★
参考地図	人穴

駐車場そばの❶毛無山登山口から林道に入り、金山精錬所跡の先から登山道となる。❷尾根・地蔵峠コースの分岐を過ぎるとジグザグの急登となり、九合目までこれが延々と続く。

不動ノ滝見晴台を過ぎ、数字が増えていく合目標識を楽しみに高度を上げていく。ところどころに小さな岩場が現れる。ロープもあるが、これはあくまでも下りの際のバランス保持用である。

❸五合目からも急斜面は続き、富士山展望台を過ぎればほどなく稜線上の❹麓・地蔵峠分岐に至る。ここから稜線を北にたどれば、一等三角点のある❺毛無山頂上だ。三角点から草原をわずかに下った場所に、富士山の好展望地があ

▲コース上部の富士山展望台からの富士山

る。なお、最高地点（1964m）は少し先にあるので、時間と体力が許せば往復してこよう（往復約40分）。

下山は往路を慎重に引き返す。

48 毛無山

タカデッキ・雨ヶ岳・端足峠

大見岳
毛無山最高点1959
1964 往復約40分

山梨県
身延町

毛無山 ❺
1945
0:10 0:15
西側の露岩上に「南アルプス展望台」
❹ 麓・地蔵峠分岐
1891
富士山展望台
一合目から九合目まで急斜面が続く。下りの際はスリップ注意
七合目
1:20 0:50
六合目 1548
レスキューポイント
富士山の展望
1688
第二地蔵峠
金鉱石窯跡
五合目 ❸
不動ノ滝
1:15 0:55
尾根・地蔵峠コースの分岐
金山精錬所跡
不動ノ滝見晴台

中甲斐金山遺跡
地蔵峠
ロープのある急斜面
1444
比丘尼ノ滝
金山沢

静岡県
富士宮市

・1629

毛無山登山口 ❶
麓宮
868
P 毛無山駐車場 有料

コース中を含めても唯一のトイレ

道の駅朝霧高原
東海自然歩道

ふもとっぱら（体験型宿泊施設）
8時30分〜17時の間はデイユースで駐車可（有料・要予約）

まほろば麓の森の大きなお家

麓のつり橋

金山沢経由のコースは転石の多い荒れた沢を通る上級者向きコース（麓・地蔵峠分岐〜尾根・地蔵峠コース分岐間下り約3時間、登り約3時間50分）

1596
N
1:30,000
250 500m
1cm＝300m
等高線は20mごと
1497

東名高速

高井戸IC
中央自動車道
大月JCT
御殿場JCT
新東名高速
東名高速

東京IC
新富士IC
河口湖IC
139
139

ふもとっぱら入口

道の駅朝霧高原

東海自然歩道

標高 **1051 m**（薬師岳） | 静岡県 | P189-C5

49 竜爪山
（りゅうそうざん）

静岡市街の北にそびえる双耳峰。富士山や駿河湾などを一望

▲静岡県名産の茶畑が広がる南方の賤機山稜から望む竜爪山

登山口まで約164km

東京IC

↓148km **東名高速**

清水IC

↓16km **静清バイパス、国道1号、県道201号、林道炭焼平山線**

平山旧登山口

緯度 35°04′52″
経度 138°25′06″

プランニングのヒント

竜爪山だけでも十分楽しめるが、ここでは標高888.8m（地形図では888.6m）と縁起のよい欅立山の往復をプラスした。ただし特徴のある登山道ではないので、頂上からの富士山の展望が望めない曇天の日はカットしてもよいだろう。薬師岳北直下の分岐～穂積神社間の急な階段の下りは濡れているとすべりやすいので要注意。

登山口詳細MAP

駐車場情報

県道201号の静岡市平山から林道炭焼平山線を約3km進んだところが平山旧登山口の駐車場（有料、計15台）。水場と靴洗い場、登山届入れもある（トイレは穂積神社を利用）。土・日曜、祝日は早朝から混雑するので、早着は必須。

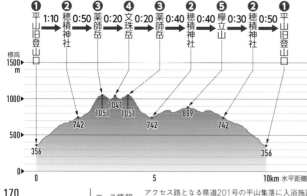

| ❶平山旧登山口 | 1:10 | ❷穂積神社 | 0:50 | ❸薬師岳 | 0:20 | ❹文珠岳 | 0:20 | ❸薬師岳 | 0:40 | ❷穂積神社 | 0:40 | ❺欅立山 | 0:30 | ❷穂積神社 | 0:50 | ❶平山旧登山口 |

標高 1500m / 1000 / 500

742 / 1051 / 1041 / 1051 / 742 / 889 / 742

356 / 356

0 / 5 / 10km 水平距離

コース情報　アクセス路となる県道201号の平山集落に入浴施設、龍泉荘 御殿乳母の湯がある。1時間500円、10時（土・日曜、祝日は9時）～18時30分、火曜と最終週の水曜休。☎054-266-2461

山のプロフィール

静岡市街の北にある静岡市民おなじみの山で、最高点の薬師岳と一等三角点が置かれた文殊岳からなる双耳峰。頂上からは、富士山や南アルプス南部の山々、駿河湾越しに伊豆半島などが望める。通年楽しめる山だが、急斜面があるため降雪直後は避ける。

●問合せ先=静岡市スポーツ振興課☎054-221-1071

歩行時間	5時間20分
歩行距離	9.8km
累積標高差	登り=1005m 下り=999m
登山難易度	中級★★★
参考地図	和田島

本来は穂積神社(東名高速清水IC、新東名高速清水いはらICから約22km)から竜爪山を往復するが、2023年11月現在アクセス路の林道が通行止めのため南面の平山旧登山口から登る(穂積神社起点の場合、登山難易度は初級★★)。

❶平山旧登山口から長尾川源流沿いをたどる旧道に入り、三丁目の滝や丁目石を見ながら登っていく。沢を離れて左に肝冷しの滝(落差約30m)への道を分け、ところどころで急登を交えて標高を上げていくと**❷穂積神社**に出る。

神社のシンボル、夫婦杉の脇を抜け、杉林のなかを登っていく。やがて鉄骨の急な階段登りになるが、ところどころで展望が開ける。登り切ったところが薬師岳北の分岐で、左へひと登りで竜爪山最高

▲肝冷しの滝

点の**❸薬師岳**だが、樹林のなかで展望はない。薬師岳を越えて鞍部に下り、登り返すと竜爪山のもう一つのピークで好展望の**❹文殊岳**だ。

展望を楽しんだら、**❸薬師岳**を経て急な階段道を**❷穂積神社**まで慎重に下る。

欅立山へは、神社の林道向かいから登山道に入り、檜や杉の尾根道をたどっていく。40分ほどでたどりついた**❺欅立山**の頂上には「標高888.8m」と記された山名標識が立ち、樹間越しに富士山を望むことができる。

欅立山からは**❷穂積神社**へ戻り、旧道を**❶平山旧登山口**まで下っていく。

▲ベンチとテーブルがあり休憩に最適な文殊岳頂上。背景は駿河湾と清水港

標高 **2013 m** ｜静岡県｜ P189-B5

50 山伏
やんぶし

急登を頑張って安倍奥エリア最高峰の頂へ

▲笹原が広がる山伏の頂上から雪をかぶった富士山を眺める

登山口まで189km

東京IC
↓155km **東名高速・新東名高速**

新静岡IC
↓34km **県道27・29号ほか**

西日影沢駐車場

緯度 35°17′00″
経度 138°18′53″

プランニングのヒント
遠方からのアクセスでなければ前泊の必要はないが、標高差が1100mを超えるので、山麓の梅ヶ島温泉に前泊すると体力的に楽だろう。山伏へ至るコースは4本あるため、下山時に違うコースに入ってしまわないよう分岐での確認をしっかりと。道標は要所に設置されているが、見落としには注意したい。

登山口詳細MAP

駐車場情報　西日影沢沿いの林道左手の河原に約30台分の駐車スペースがある（無料、トイレなし）。以前は900m先の地点に駐車場があったが、路肩の崩壊により使用できなくなった。

山のプロフィール

頂上からは富士山をはじめずらりと並ぶ南アルプスの高峰たちを一望でき、登山道もよく整備されている。登山適期は4月下旬～12月上旬、頂上付近のヤナギラン群生地の花期は7月下旬～8月中旬。

●問合せ先=静岡市スポーツ振興課☎054-221-1071／静岡市治山林道課管理係☎054-354-2163（林道情報）

歩 行 時 間	**6**時間**15**分
歩 行 距 離	**9.0**km
累積標高差	登り=1220m 下り=1220m
登山難易度	**中級★★★**
参 考 地 図	梅ヶ島

50
山伏

入門
初級
中級
上級

安倍奥とは安倍川の源流域である山伏、大谷嶺、八紘嶺を頂点として、東に南下する東山稜、西に南下する西山稜を指す山域のこと。西山稜の麓からの道はあまり歩かれなくなり、登山道も一部不明瞭な箇所がある。

しかしながら東山稜は魅力的な山々が連なり、人気のハイキングコースも多々ある。そんな安倍奥のなかで最も標高が高く、頂上からの展望もすばらしいのが山伏だ。

この山伏に続く登山道は頂上付近を中心に4コースある。南と北から安倍奥の稜線をつないで山伏に至る縦走路、西の大笹峠（山伏峠）まで車でアプローチし、そこから30分ほどで頂上に上がることのできる登山道（2023年11月現在、林道通行不能）、そして、東の安倍川支流、西日影沢からの登山道だ。ここでは、西日影沢沿いに登るクラシックなコースを紹介する。

▲明るく開けた山伏頂上付近の草原

❶西日影沢駐車場から出発する。路線バスでのアプローチも可能だが、バス停からこの駐車場までは車道を片道40分ほど歩くことになる。バスを利用して日帰りするのは健脚でないとかなり厳しいので、マイカー登山に向いた山といっていいだろう。なお、本コースにはトイレがないので、駐車場約5km手前の県道29号沿い

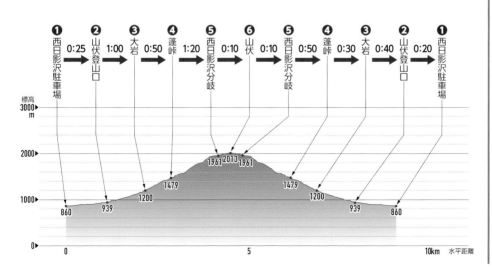

▲山伏頂上から眺めた南アルプス南部の山々

にあるコンヤ梅園のトイレか、コース途中の西日影沢分岐から南に10分ほど下った山伏小屋の携帯トイレブースを利用する。

駐車場から荒れた林道を25分ほど歩くと❷山伏登山口だ。ここから登山道に入り、作業用モノレールと並走しながら西日影沢の右岸を行く。なだらかな道を少し歩き、沢にかかっていた木橋が流失したので、徒渉で左岸へ。植林地を歩いていくとわさび田が右手に現れる。その横を通り過ぎ、再び沢を渡ると❸大岩に到着する。ひんやりした岩の陰でひと休みするといい。

大岩の先でまた沢を渡り、少し行くと水場がある。冷たくおいしい山の水でのどを潤そう。その後にも水場がもう一つあり、そこを過ぎる

と沢からはずれる。道は少し急になるが、登り切れば❹蓬峠である。ベンチもあって明るく雰囲気がいい。ちょうどコースの中盤でもある。

峠からは、最初は尾根に乗らずに、尾根の北側をトラバース気味にゆるく登っていく。ガレ気味の九十九折の急登を落石に注意しながらこなすと、登山道は尾根上へと出て、道は再び急になる。しばらく頑張ればやがてゆるやかになり、稜線上の縦走路にある❺西日影沢分岐に出る。分岐を左に10分ほど行くと無人の静岡市営山伏小屋（携帯トイレブースあり）があり、その先の百畳峠から登ってくるハイカーも多い。この山伏小屋は縦走計画などに組み込んで泊まる人は少ないが、山小屋の雰囲気を味わうため

▲河原にある西日影沢駐車場

▲西日影沢の清流

▲蓬峠は絶好の休憩ポイント

コース情報　アクセス路となる県道29号の静岡市葵区新田地区に、入浴施設の梅ヶ島新田温泉黄金の湯がある。700円、9時30分〜17時30分（冬期〜16時30分）、月曜休（祝日の場合は翌日）。☎054-269-2615

▲カエデやブナの樹間に続く登山道

に泊まりに来る人もそれなりにいるようだ。

　頂上へは分岐を右へ。なだらかに進むと笹原になり、左手にはヤナギラン保護のための鹿除けネットが張られている。登りともいえないような登りを行くと**⑥山伏**に到着する。

　頂上からの展望は最高で、東は笹原と安倍東山稜の向こうに富士山が、北西側には南アルプス南部の3000m峰が連なる。

　心ゆくまで景色を楽しんだら、スリップに注意しつつ、往路を戻ることにしよう。

高速道路で故障したら②

　（P153からの続き）路側帯等に停止したら、救援要請のための非常電話をかける。非常電話は道路上では1kmごと、トンネル内では200mごとに設置されているが、非常電話の位置が遠く歩行に危険を感じるようなら、携帯電話で♯9910（道路緊急ダイヤル）に連絡するといい。携帯電話をかける際は、故障車の後方（追突の巻き添えを防ぐため）のガードレールの外から。

▲非常電話から電話すれば、すぐに位置が特定される

2つのサブコース

　山伏への登山道は紹介したコースのほかにもいくつかある。人気があるのは記念碑公園から日本三大崩れの一つ大谷崩を登り、新窪乗越から稜線づたいに山伏まで。大谷崩の迫力ある景色が魅力のコースだ。所要時間は往復で約6時間30分ほど。ほかに、歩行時間の短いのが百畳峠から安倍西山稜に乗り、山伏へ北上するルート。百畳平周辺の笹原が牧歌的で気持ちよく歩けるだろう。所要は往復で約1時間30分。

▲荒々しい大谷崩の眺め

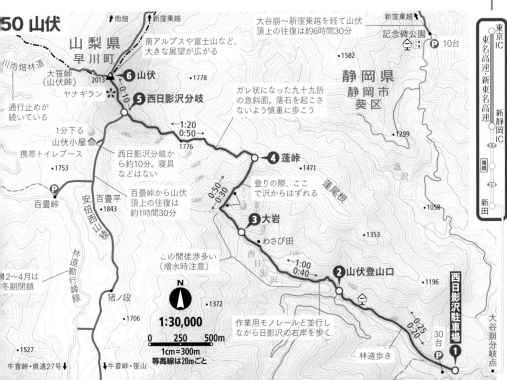

50 山伏

山梨県　早川町

↑雨畑　↑新窪乗越

南アルプスや富士山など、大きな展望が広がる

川雨畑林道

大笹峠（山伏峠）　2013　⑥山伏　・1778

ヤナギラン　0:10

通行止めが続いている

1分下る　山伏小屋　携帯トイレブース

⑤西日影沢分岐

・1753

1:20　0:50→

西日影沢分岐から約10分。寝具などはない

・1990　1776

百畳峠から山伏頂上の往復は約1時間30分

0:50←　0:30

ガレ状になった九十九折の急斜面。落石を起こさないよう慎重に歩こう

④蓬峠　・1471

登りの際、ここで沢からはずれる

蓬尾根

大谷崩〜新窪乗越を経て山伏頂上の往復は約6時間30分

新窪乗越　記念碑公園　P 10台

・1582

静岡県　静岡市　葵区

・1299

・1058

蓬沢

P　百畳峠

安倍西山線

百畳平　・1843

③大岩

わさび田

西日影沢

・1353

・1196

林道勘行峰線

12〜4月は冬期閉鎖

猪ノ段　・1706

この間徒渉多い（増水時注意）

・1372

N

1:30,000
0　250　500m
1cm＝300m
等高線は20mごと

1:00←　0:40

②山伏登山口

作業用モノレールと並行しながら日影沢の右岸を歩く

西日影沢駐車場　①

0:25　0:30

30台

P

林道歩き

大谷崩分岐点

・1527

牛首峠・県道27号

↓牛首峠・笹山

尾瀬ヶ原をはさんで燧ヶ岳に対峙する花の名山　🏠 標高 2228 m 群馬県　P178-D2

至仏山
（し ぶつ さん）

関越道／前夜泊		登山難易度	中級★★★
歩行時間	4時間	累積標高差	登り713m・下り713m
歩行距離	9.4km	参考地図	至仏山

登山口まで160km　練馬IC →126km 関越道→ 沼田IC →34km 国道120・401号→ 尾瀬戸倉　緯度 36°50′19″　経度 139°15′03″

🗻 山のプロフィール
尾瀬ヶ原の南西にある花の山で、ホソバヒナウスユキソウやジョウシュウアズマギクなどの希少種が見られる。登山適期は7～10月。

駐車場情報
尾瀬戸倉に第一駐車場、第二駐車場がある。2カ所で530台収容。トイレあり。鳩待峠へは乗合バス・タクシーを利用（マイカー規制日以外は直接、鳩待峠まで入れる）。

▲ハイマツ帯の稜線を至仏山頂上へと向かう

🚗 プランニングのヒント
日帰りも可能だが、夏場を中心に午後は雷雨になりやすい点と、コース後半の蛇紋岩の道がすべりやすく時間がかかることもあるので、前泊がベスト。前泊地は、駐車場がある戸倉や登山口の鳩待山荘など。

コース概要
鳩待峠の登山口は、尾瀬ヶ原へと下る道の左側にある。樹林帯を登ると木道になり、やがて展望の開ける原見岩が右に現れる。道は再び樹林帯となり、オヤマ沢田代の湿原に出る。この先が森林限界で、花期は高山植物が咲き競う。小至仏山からはゆるやかな岩稜歩きとなるが、蛇紋岩の道はスリップしやすい。いったん下って登り返せば至仏山の頂上だ。展望を楽しんだら、往路を慎重に戻ろう。

●問合せ先
片品村むらづくり観光課
☎0278-58-2112

浅間山と向かい合うパノラマの頂へ　🏠 標高 1757 m 群馬県　P181-D5

浅間隠山
（あさ ま かくし やま）

関越道／日帰り		登山難易度	初級★★
歩行時間	2時間40分	累積標高差	登り478m・下り478m
歩行距離	4km	参考地図	浅間隠山

登山口まで137km　練馬IC →87km 関越道→ 高崎IC →50km 県道27号、国道406号、県道54号→ 登山口駐車場　緯度 36°26′23″　経度 138°38′57″

🗻 山のプロフィール
群馬県側の浅間隠温泉郷周辺から見たとき、浅間山を隠してしまうことが山名の由来。登山適期は4月上旬～11月上旬。

駐車場情報
二度上峠の群馬県側約850m手前に浅間隠山登山口駐車場があるが（トイレあり）、収容台数が20台ほど。満車時は長野県側約250m先の駐車スペース（約15台）へ。

▲頂上間近の道は浅間山を眺めながら登る

🚗 プランニングのヒント
コース中に危険箇所は少なく、初級者も安心して登れる山だ。下山時、北軽井沢分岐を右に行かないように注意したい。なお、浅間隠温泉郷側からの登山道は、登山口の林道ゲートから頂上まで2時間30分前後。

コース概要
登山口駐車場から、車道を少しだけ高崎側に戻った登山口から登山道へ。尾根に上がると浅間隠山が姿を見せる。北軽井沢方面との最初の分岐を右に行き、2カ所目の北軽井沢分岐から山腹を九十九折に登る。美しい雑木林だが、途中にはすべりやすい急傾斜の道があるので、下りの際はスリップに注意を。南峰まで登れば頂上まであと少し。笹原の快適な道を歩けば、ほどなく360度の展望が広がる浅間隠山の頂だ。

●問合せ先
高崎市倉渕支所 ☎027-378-3111
北軽井沢観光協会 ☎0279-84-2047

高原山

一等三角点の頂上からの展望とツツジの群落が魅力　標高 1795m（釈迦ヶ岳）栃木県　P179-D4

たかはらやま

東北道／日帰り	登山難易度	中級★★★
歩 行 時 間　5時間45分	累積標高差	登り834m・下り834m
歩 行 距 離　9.9km	参 考 地 図	高原山

登山口まで146km　川口JCT 120km 東北道 → 矢板IC 26km 県道30・56号ほか → 大間々台　緯度 36°54′02″　経度 139°49′03″

山のプロフィール

栃木県矢板市の西に、釈迦ヶ岳や鶏頂山など複数の峰を連ねる。頂上からは日光や尾瀬の山を一望。登山適期は5月上旬〜11月上旬。

駐車場情報
大間々台に約30台分の無料駐車場がある（トイレあり）。6月のレンゲツツジのシーズンは早朝から満車になるため、2km手前の小間々台（約30台）などを利用する。

▲北方の日光連山展望台からの高原山（左が釈迦ヶ岳、右が鶏頂山）

🚗 プランニングのヒント

釈迦ヶ岳手前に岩混じりの急なロープ場や、溝状に掘れた土のロープ場がある。濡れているとすべるので、下山時は要注意。もう一つの主要ピーク鶏頂山へは、釈迦ヶ岳から往復2時間30分ほど見ておきたい。

コース概要
大間々台から眺望のよい見晴コースを登って八海山神社へ。ここで下山に利用する林間コースを合わせ、尾根づたいに登っていく。矢板市最高点の1590mピークを越えると剣ヶ峰直下の分岐に出る。左手に進み、いったん鞍部に下って登り返す。切り立った尾根筋やロープ場の急登を抜けると、やがて高原山最高峰の釈迦ヶ岳頂上に着く。展望はぐるり360度。下山は八海山神社まで戻り、林間コースで大間々台に下る。

●問合せ先
矢板市商工観光課 ☎0287-43-6211
矢板市観光協会 ☎0287-47-4252

安達太良山

ロープウェイ山頂駅から大展望の頂に立つ　標高 1700m 福島県　P179-A5

あだたらやま

東北道／日帰り	登山難易度	初級★★
歩 行 時 間　3時間25分	累積標高差	登り365m・下り771m
歩 行 距 離　8.1km	参 考 地 図	安達太良山

登山口まで253km　川口JCT 236km 東北道 → 二本松IC 17km 国道459号、県道386号 → 奥岳　緯度 37°37′22″　経度 140°19′32″

山のプロフィール

高村光太郎の『智恵子抄』で知られる山。一見なだらかな山容だが、西側には荒々しい火口を見せる。登山適期は5月中旬〜11月上旬。

駐車場情報
ロープウェイ山麓駅のある奥岳に1000台収容の無料駐車場（紅葉シーズンは第一駐車場のみ有料）。トイレや売店、レストラン、日帰り温泉あり。

▲ゴンドラ山頂駅付近からの安達太良山本峰（中央の突起）

🚗 プランニングのヒント

あだたら山ロープウェイ（所要10分）の始発は8時30分。首都圏を早朝に出発すれば十分日帰りできるが、いで湯の湧く山中のくろがね小屋（建て替えのため休業中・2025年再開予定）に1泊するのも楽しい。

コース概要
山頂駅から五葉松平をゆるやかに登る。仙女平分岐まで来ると安達太良山が見えてくる。岩混じりの道を一気に登り、正面の岩峰を右から回り込むと安達太良山の頂上だ。頂上からは牛ノ背をたどって鉄山・峰ノ辻分岐に向かい、分岐から峰ノ辻、くろがね小屋を経由して勢至平へ。勢至平の先で合流する林道はショートカット道を行く。烏川を渡れば奥岳はまもなくだ。

●問合せ先
二本松市観光課 ☎0243-55-5122
あだたら山ロープウェイ ☎0243-24-2141

4
5 ㉛一切経山 ▲1949
西吾妻山 2035 ▲
㉛東吾妻山 ▲1975
磐梯吾妻スカイライン
磐梯吾妻レークライン
6 福島市

喜多方市
北塩原村
安達太良山 1700 ▲
川俣町
A
福島西IC
東北自動車道
福島松川スマートIC
東北新幹線

会津坂下町
会津坂下IC
新鶴スマートIC
㉝磐梯山 ▲1816
磐梯山ゴールドライン
磐梯町
磐梯河東IC
猪苗代町 いなわしろ
大滝山 ▲1370
磐梯熱海IC
二本松IC
二本松市
大手町
本宮市
本宮IC

会津IC
湯川村
猪苗代磐梯高原IC
磐越自動車道
JR磐越西線
磐梯熱海
郡山JCT
郡山東IC
JR磐越東線
田村市
B

会津若松市
会津若松IC
あいづわかまつ
会津美里町
JR只見線
猪苗代湖
郡山IC
郡山中央スマートIC
郡山市 こおりやま
船引三春IC
磐越自動車道
小野IC
B

福島県
郡山南IC

博士山 1482 ▲
会津鉄道
小野岳 1383 ▲
神籠ヶ岳 1376 ▲
岩瀬湯本
天栄村
須賀川IC
すかがわ
須賀川市
JR東北本線
小野町

㉚二岐山 1544 ▲
下郷町
鏡石町
鏡石スマートIC
福島空港
玉川村
平田村
石川町

あいづたじま
流石山 ▲1813
三斗小屋
那須岳 1915 ▲
甲子
矢吹IC
矢吹町
中島村
C

南会津町
白河中央スマートIC
西郷村
しんしらかわ
あぶくま高原道路

日留賀岳 ▲1849
白河IC
白河市
浅川町
古殿町
棚倉町
鮫川村
C

那須高原スマートIC
那須IC
那須町
八溝山 1022 ▲
塙町

高原山 ▲1795
那須塩原市
くろいそ
㊱奥久慈男体山 ▲654
㊳竪破山 ▲658
D

黒磯板室IC
西那須野塩原IC
東北自動車道
栃木県
大田原市
矢祭町

矢板北スマートIC
那珂川町
日光市
矢板市
矢板IC
大子町
ひたちだいご

日光宇都宮道路
上河内スマートIC
大沢IC
さくら市
奥久慈男体山
茨城県
日光宇都宮道路
宇都宮JCTへ
4
JR烏山線
5 那須烏山市
からすやま
常磐道那珂ICへ
6

珠洲市
珠洲鵜飼
長手崎

1 **2** **3**

A

日本海

N
0 ━━━━━ 20km
1:600,000

B

名立谷浜IC
鳥ヶ首岬
8
能生IC
糸魚川市
いとがわ
鉾ヶ岳
▲1316
親不知IC
北陸自動車道
糸魚川IC
北陸新幹線
黒姫山
1221▲
新潟県
笹倉
富山湾
宮崎
②⑤火打山
2462▲
入善町
8
朝日町
焼山
2400▲
雨飾山
1963▲
②⑤妙高山
2454▲
朝日IC
犬ヶ岳
1592▲
入善スマートIC
姫川
黒部IC
くろべうなづきおんせん
朝日岳
2418
2053▲
高妻山▲ 黒姫山
2353
黒部市
宇奈月
蓮華
雪倉岳▲2611
乗鞍岳
2456
戸隠山
1904▲
魚津市
うおづ
黒薙
小谷村
西岳▲2053
飯綱
1917▲
魚津IC
黒部峡谷鉄道
白馬岳▲2932
片貝川
姫
川

C

滑川市
鐘釣
鑓ヶ岳
富山県
小田村
滑川IC
名剣
上市スマートIC
唐松岳▲2696
白馬村
はくば
富山市
仙人湯
五龍岳2814
立山IC
早月川
上市町
鹿島槍岳
2889
更埴IC
流杉スマートIC
剱岳
▲2999
爺ヶ岳
2670
小田村
富山地方鉄道立山線
黒部峡谷
立山
▲3015
大町
アルペンライン
19
たてやま
立山有料道路
千曲市
針ノ木岳
2821
大町市
いなのおおまち
聖山
1447▲
姨捨スマートIC

D

称名滝
薬師岳
▲2926
烏帽子岳▲2628
JR大糸線
麻績村
JR高山本線
水晶岳
▲2986
高瀬川
燕岳
2763
中房
池田町
松川村
生坂村
筑北村
麻績IC
長野自動車道
1岐阜県 黒部五郎岳▲2840
三俣蓮華岳
2841
2
安曇野へ
犀川
安曇野IC
3

180

長岡JCT
信之島見附IC
刈羽村
西山IC
長岡IC
長岡
なが おか
長岡市
柏崎市
かしわざき
越後線
長岡南越路スマートIC
柏崎IC
JR信越本線
小千谷市
広田
米山IC
米山
▲993
小千谷IC
栃窪
越後川口IC
堀之内IC
こいで
柿崎IC
魚沼市
小出IC
大潟スマートIC
JR信越本線
北越急行線
JR飯山線
折立
栃尾又
上越JCT
なおえつ
うらさ
関越自動車道
越後駒ヶ岳
▲2003
大和スマートIC
上越IC
1720▲
中ノ岳
▲2085
上越市
じょうえつみょうこう
とおかまち
十日町市
六日町IC
⑱ 八海山
B
上越高田IC
中郷IC
えちかまえ
南魚沼市
妙高市
あらい
新井スマートIC
塩沢石打IC
巻機山
1967
北陸新幹線
つなん
飯士山
▲1111
みょうこう
こうげん
妙高高原IC
栄村
津南町
清津峡
湯沢IC
えちごゆざわ
湯沢町
飯山線
清水峠
長野県
飯山市
いいやま
木島平村
野沢温泉村
鳥甲山
2038▲
⑰ 苗場山
2145▲
⑯ 平標山
1984▲ ▲2026
谷川岳
▲197?
C
斑尾山
▲1382
高社山
▲1351▲
⑯ 仙ノ倉山
みなかみ
宝川
信濃町
しなの
飯縄山
豊田飯山IC
焼額山
▲
佐武流山 ▲2192
三国山
水上IC
みなかみ
信州中野IC
志賀中野有料道路
中野市
山ノ内町
上林
岩菅山
▲2295
白砂山
▲2140
三国峠
法師温泉
水上京
長野
小布施町
小布施スマートIC
高山村
山田
白根山
▲2160
月夜野IC
沼田IC
沼田市
須坂長野東IC
須坂市
草津白根山
▲2171
みなかみ町
昭和IC
上信越自動車道
四阿山 ▲2354
菅平高原
草津町
中之条町
関越自動車道
赤城IC
群馬県
東部湯の丸IC
鳥居峠
長野原町
嬬恋村
JR吾妻線
浅間隠山
▲1757
東吾妻町
渋川市
渋川伊香保IC
駒寄スマートIC
坂城IC
上田菅平IC
地蔵峠
鬼押ハイウェー
万座ハイウェー
1411▲
⑮ 榛名山
前橋IC
上田市
四阿山 ▲2354
地蔵峠
東篭ノ登山 ▲2228
三方ヶ峰 2404▲
2041
浅間山
▲2568
前橋市
㉔ 黒斑山 2524
㉔ 前掛山
北陸新幹線

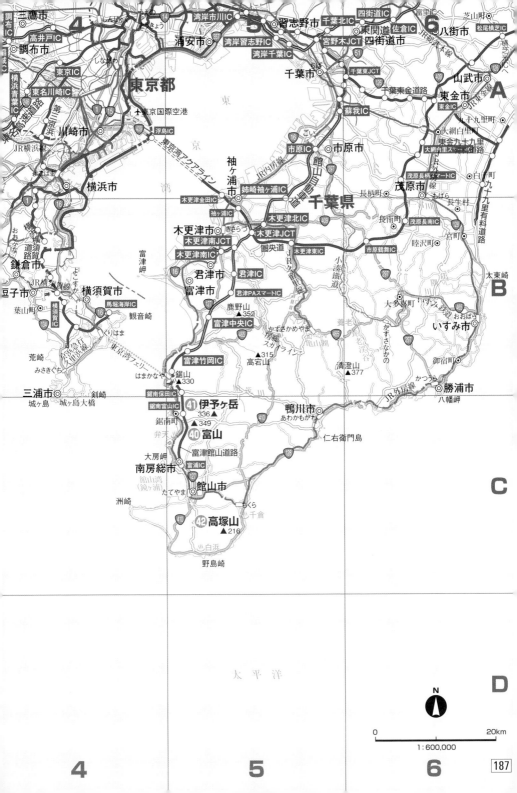

A

美並IC
東海北陸自動車道
美濃市
美濃IC
美濃関JCT
関広見IC
関市
関IC

富加関IC
美濃加茂IC
富加町
関市

長野県
JR中央本線
大桑村
南木曽町
なぎそ
兀岳
▲1637
清内路峠
飯田山本線
園原IC
昼神
阿智村

岐阜県

金山町
ひだかなやま
JR高山本線
東白川村
七宗町
川辺町
八百津町

笠置山
▲1128

奥三界岳
▲1811

大桑村

南木曽岳
▲1677

中津川市
なかつがわ
恵那IC
中津川IC

恵那山 ▲2191
恵那山トンネル

寒原峠

B

各務原市
犬山市
扶桑町
大口町
小牧JCT
小牧IC
小牧市
岩倉市
北名古屋市
楠IC
名古屋飛行場
勝川西IC
名古屋市
名古屋IC
清須市

可児御嵩IC
御嵩町
五月ヶ丘スマートIC
多治見IC
土岐IC
瑞浪IC

土岐南多治見IC
土岐市
土岐JCT
東海環状自動車道

せと品野IC
守山スマートIC
瀬戸市
せと赤津IC
猿投山
▲629

中央自動車道
恵那市
恵那IC
瑞浪市

笹戸
榊野山

平谷村

売木村

茶臼山
1416▲

新野

江南市

美濃加茂市
坂祝町
可児市

C

東海市
知多市
刈谷市
半田市
碧南市

大府IC
知立市
安城市
高浜市
西尾市

みよし市
東郷町
豊明市
豊明IC
豊田南IC
豊田JCT
東名三好IC
豊田IC
豊田東JCT
豊田東IC
しんとよた
豊田市
豊田松平IC
豊田勘八IC
鞍ヶ池スマートIC

豊田藤岡IC
猿投グリーンロード
日進JCT
日進市

新東名高速道路
岡崎IC
岡崎市
岡崎東IC
音羽蒲郡IC

愛知県

鷹ノ巣山
▲1153

設楽町

仏坂トンネル
鳳来湖
鳳来寺山
885▲

新城IC
新城市
三ヶ日JCT
浜松いなさJCT
浜松いなさIC
東名高速道路
三ヶ日IC

浜松西IC
浜松市

D

南知多道路
美浜町
南知多町
羽豆岬
篠島
日間賀島

たけとよ
武豊町

三ヶ根山スカイライン

蒲郡市
とよはし
豊川市
豊川IC
豊橋市
湖西市

三方原スマートIC
舘山寺
浜名湖
猪鼻湖

田原市
豊橋鉄道

遠州灘

1　　　**2**　　　**3**

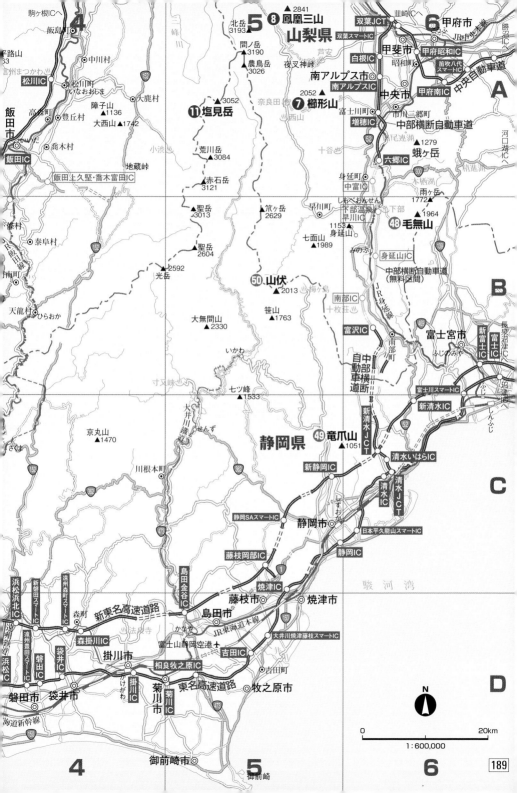

駒ヶ根ICへ

4

飯島町
飯島IC

中川村

木曽山
信州まつかわ
松川IC
松川町
いなおおしま

大鹿村

障子山 ▲1136
大西山 ▲1742

高森町
豊丘村

飯田
市

喬木村

飯田IC

地蔵峠

飯田上久堅・喬木富田IC

松本村

泰阜村

▲3052

荒川岳
▲3084

赤石岳
▲3121

⑪塩見岳

5 ⑧鳳凰三山

▲2841

北岳
3193

間ノ岳
3190

農鳥岳
3026

夜叉神峠

南アルプス市

2052

⑦櫛形山

富士川町

山梨県

双葉JCT
双葉スマートIC

芦安

白根IC
南アルプスIC

中央市

市川三郷町
増穂IC

韮崎へ

6甲府市

JR中央本線

甲斐市
甲府昭和IC

苗吹八代
スマートIC

中央自動車道

甲府南IC

中部横断自動車道

河口湖ICへ

A

勝沼ICへ

昭和IC

南町

天龍村
ひらおか

▲2592
光岳

聖岳
▲3013

聖岳
2604

笊ヶ岳
2629

早川町

七面山
▲1989

身延山

1153

身延町
中富IC

身延町

六郷

▲1279
蛾ヶ岳

▲1964
雨ヶ岳

本栖湖

身延山IC

48毛無山

中部横断自動車道
(無料区間)

B

JR身延線

京丸山
▲1470

大無間山
▲2330

50山伏

▲2013

笹山
▲1763

いかわ

寸又峡

静岡県

七ツ峰
▲1533

大井川鉄道
せんず

川根本町

南部IC

富沢IC

南部町

中部横断
自動車道

富士宮市

富士川スマートIC

新清水JCT

新清水IC

49竜爪山
1051

清水いはらIC

新富士IC

富士IC

新東名高速道路

長泉沼津ICへ

沼津IC

ふじ

C

静岡SAスマートIC

藤枝岡部IC

新静岡IC

静岡市

しずおか

清水JCT

清水
IC

日本平久能山スマートIC

静岡IC

駿河湾

浜松浜北
IC

新磐田森町スマートIC

遠州森町スマートIC

森町

浜松

島田金谷IC

島田市

かなや

藤枝市

焼津IC

焼津市

遠州豊田スマートIC

磐田IC

袋井IC

掛川IC

森掛川IC

富士山静岡空港

JR東海道本線

吉田IC

大井川焼津藤枝スマートIC

吉田町

磐田市

袋井市

かけがわ

掛川市

菊川IC

菊川市

相良牧之原IC

東名高速道路

牧之原市

D

N

海道新幹線

御前崎市

御前崎

0   20km

1:600,000

189

4   **5**   **6**

1　**2**　**3**

国見ICへ

伊達桑折IC
福島飯坂IC　桑折JCT　　伊達市
　　　　　　　　　　伊達中央IC

A
高湯　　　ふくしま　　相馬玉野IC　新地IC　相馬IC
　　　　福島西IC　福島市　霊山　相馬山上IC　相馬市
土湯　　　　　115　　霊山IC　115　霊山飯舘IC　　6
　　東北自動車道　　　　　　　東北中央自動車道
　　　　　　　川俣町　　（無料区間）
安達太良山　　　　花塚山　飯舘村　南相馬鹿島スマートIC
▲1700　　福島松川　▲918　　　南相馬IC　南相馬市
　　　　スマートIC
猪苗代磐梯高原ICへ　　　大玉村
磐梯熱海IC　二本松IC
　　　本宮市　二本松市　　日山　　　常磐自動車道
　　　　本宮IC　　　▲1057　葛尾村　JR常磐線

B
郡山JCT　JR磐越東線　　　　　浪江IC　浪江町
　郡山東IC　　田村市　　福島県　常磐双葉IC　双葉町
郡山市　4　こおりやま　船引三春IC　　　　大熊IC
郡山中央　　　　　　　大滝根山　　大熊町
スマートIC　　　　　　▲1192　常磐富岡IC　富岡町
郡山南IC

　須賀川IC　すかがわ　　　　小野IC　ならはスマートIC　楢葉町
鏡石町　須賀川市　蓬田岳　　　　　　　広野IC
鏡石スマートIC　　952▲　　　磐越自動車道　三森山　広野町
　4　矢吹町　福島空港　　　　　656▲

C
矢吹IC　　玉川村　平田村
中島村　石川町　あぶくま高原道路　いわき四倉IC
　　118　古殿町　　　　いわき三和IC　いわき中央IC
浅川町　鮫川村　　　　　　　いわきJCT　いわき市
棚倉町　　　　　　　　湯ノ岳　593▲
　　　　JR水郡線　　　　いわき湯本IC

D
塙町　　矢祭町　　　　　いわき勿来IC
　　349　　　　　　　　　6
茨城県　　　　　　　N

190　奥久慈男体山　　　北茨城IC　北茨城市
常磐道那珂ICへ　654▲　36　　　　　高萩IC
ひたちだいご　　　　　　　　　日立北ICへ

0　　　　20km
1:600,000

1　**2**　**3**

山名索引（五十音順）

＊＝黒斑山と前掛山は火山活動により登頂禁止の浅間山（日本百名山）への登山対象の山。

クルマで行く山あるき　関東周辺

大人の遠足
BOOK

2024年 2月15日　初版印刷
2024年 3月 1日　初版発行

編集人	志田典子
発行人	盛崎宏行
発行所	JTBパブリッシング
	〒135-8165　東京都江東区豊洲5-6-36
	豊洲プライムスクエア11階

企画・編集	ライフスタイルメディア編集部
	担当：今城美貴子
編集・制作	千秋社、奥多摩館（原邦三、吉田祐介）
編集協力	森田秀巳　　片桐恵美
	宇都宮市観光交流課
取材・文・写真	伊藤哲哉　　菊池哲男　　古林鉄平
	津野祐次　　長沢　洋　　中西俊明
	仁井田研一　花畑日尚　　羽根田治
	林　朋房　　平田謙一　　樋口一成
	松倉一夫　　三宅　岳　　森田秀巳
	吉田祐介
	PIXTA
表紙写真	西垣良次／アフロ
表紙・デザイン	トッパングラフィックコミュニケーションズ
	（淺野有子）
フォーマットデザイン	MIKAN-DESIGN
	（美柑和俊・中田薫・本田加奈子）
地図製作	千秋社
組版	千秋社
印刷	TOPPAN

◎本書の地図の作成にあたっては、国土地理院発行の50万分の1地方図、2万5千分の1地形図及び基盤地図情報（数値標高モデル）を使用しました。

◎本書の取材・執筆にあたり、ご協力いただきました関係各位に、厚くお礼申し上げます。

◎本書の掲載データは2023年11月現在のものです。料金はすべて大人料金です。定休日は、年末年始、盆休み、ゴールデンウィークは省略しています。

◎本誌掲載の料金は、原則として取材時点で確認した消費税込みの料金です。ただし各種料金は変更されることがありますので、ご利用の際はご注意ください。

◎各種データを含めた掲載内容の正確性には万全を期しておりますが、登山道の状況や施設の営業などは、気象状況などの影響で大きく変動する事があります。安全のために、お出かけ前には必ず電話等で事前に確認・予約する事をお勧めします。山では無理をせず、自己責任において行動されるようお願いいたします。事故や遭難など、弊社では一切の責任は負いかねますので、ご了承下さい。

編集、乱丁、落丁のお問合せはこちら
https://jtbpublishing.co.jp/contact/service/

JTBパブリッシング お問合せ 🔍

おでかけ情報満載　https://rurubu.jp/andmore

JTBパブリッシング
https://jtbpublishing.co.jp/